「大人のADHD」のための

片づけ力

［監修］
司馬理英子
司馬クリニック院長

健康ライブラリー
スペシャル

講談社

まえがき

朝、出勤のため家を出たいのに定期券が見つからない。「このままでは会社に遅れるから切符を買うことにしよう」と決めて家を出ることにします。そんなとき、あなたは「こんな日もある」と思えますか？　そう思える人は、きっと片づけに悩んでいないでしょう。

ところがＡＤＨＤのある人は、そんなとき、「ああ、私ってやっぱりダメだ」と落ち込んでしまうのです。何十回も何百回もそうした失敗をくり返すうちに、自己否定になっていきます。けれども、片づけができないために苦しむのは、本人にとって大きな損失です。

本書は、困っていても片づけができない人のための、片づけ方の本です。いわゆる一般的な「片づけ本」とは少々違います。本書が目指すのは、インテリア雑誌のような、おしゃれできれいな部屋ではありません。〇〇はあそこ、〇〇の書類はここ、とすぐに出てくるような、機能的な部屋にしようというものです。見た目は美しくなくても、機能的に困らないかたちにすればよいのです。

「そう言われても、できそうもない」とあきらめますか。少し考えてみてほしいのですが、例えば、五キログラムのダイエットをするのは本当に大変です。食事制限や運動を続けなくてはなりません。長期間、ところが、片づけはその気になれば、もっと短い時間で達成できます。

くじけそうになったら、ダイエットより簡単と思い直して、モチベーションを保ちましょう。できるところから少しずつ。「できた」と感じることが、次のやる気を生み出します。無理をせず、がんばりすぎないのがコツです。

完璧でなくてよいのです。探し物にあくせくしたり、片づいていないことでいやな気持ちになったりすることがない程度の、仕上がりを目指せばよいのだと、声を大にして言いたいと思います。本書で提案する片づけ方は、かなり具体的です。あなたの役に立つやり方やヒントが見つかるはずです。

司馬クリニック院長
司馬理英子

「大人のADHD」のための片づけ力

1 「片づけ力」は、あなたの中にある

2 二つの鉄則を守ればうまくいく ……… 29

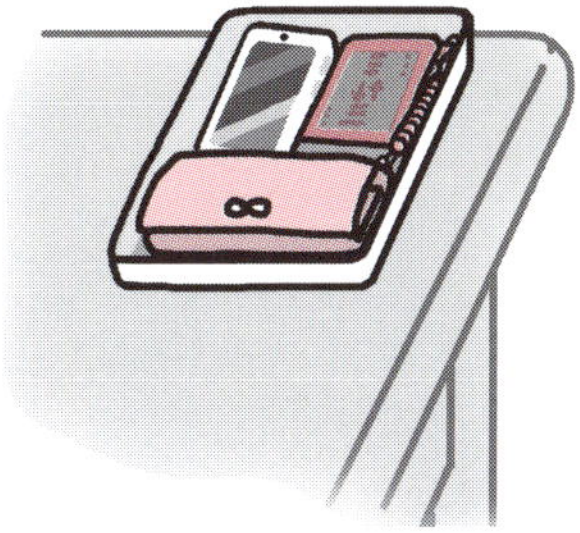

3 アイテム別

――まず、散らかっているものを集める

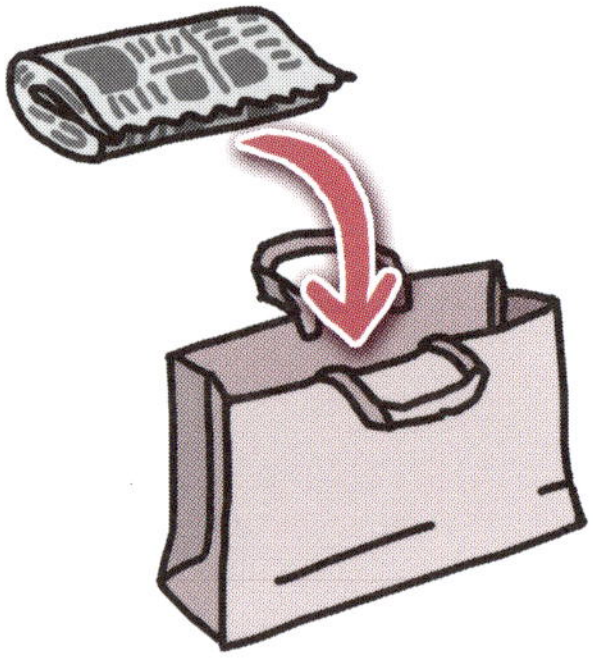

4 部屋別

――誰のものかをはっきりさせる

5 職場
―「ごほうびシステム」で、やる気を保つ……89

毎日イライラ、失敗の連続は、もしかしたら……片づけられないせい?!

ＡＤＨＤ（注意欠如・多動性障害）のある人には、片づけが苦手な人が多くいますが、そのレベルは生活に支障をきたすほどです。なくしものや忘れものが多く、人間関係にも影響。そのため、自分を「ダメ人間」と思い込んでしまう人も少なくありません。

本棚に並んでいる本より上に積んである本のほうが多い
食べかけのお菓子が散乱
殺虫剤より虫が好むものを片づけるほうがよいのだが

電池切れの時計は
壁の飾りに
2018
1
カレンダーは１月で
時が止まっている
私の財布には
足がついているの？
なぜいつもどこかに
いっちゃうんだろう
服は脱いだ
ところに放置
旅行に持って
いったスーツ
ケースもそのまま
返事が必要な
郵便物もあるはず
レジ袋があちこちに
小さくて役に
立たないゴミ箱

片づけが苦手なのはＡＤＨＤの特性が背景にあるから

片づけが苦手な人のなかには、ＡＤＨＤという発達障害がある場合があります。

ＡＤＨＤには、「不注意」「衝動性」「多動性」という三つの特性があり、不注意が強く出ている人、衝動性や多動性が強く出ている人など、人によっていろいろなタイプがあります。

不注意

すぐに気が散り、集中力が続かない。好きなことには集中しすぎる傾向があるが、しなければならないことを続けることが難しい。うっかりミスが多く、何をどこに置いたかすぐに忘れたり、期日までにしなければならないことができない。

とりかかれない

片づけないといけないとわかっていても、先送りし、とりかかれない

衝動性

判断と行動が直結しており、思いついたらすぐに行動しないと気がすまない。その結果どうなるかを考える前に動き出す。反射的に飛びつきやすく、衝動買いが多いため、ものが増えやすい。

順番どおりに進められない

決められた手順ややり方にしたがって進められない

多動性

じっとしていられず、落ち着きがない。退屈なことに耐えられず、気が散りやすい。頭の中には、あれもやりたい、これもやりたいという思いがあふれていて、気持ちが先走ってしまう。

気が散る

片づけを始めても、ほかのことに注意がいってしまう

女性は不注意が強いタイプが多く、男性は衝動性と多動性が強いタイプが多い傾向がある。大人になると、特に女性は仕事、家事、育児を並行しておこなうことが増え、ＡＤＨＤの特性が目立つ傾向がある。

1

「片づけ力」は、あなたの中にある

なぜ自分は片づけが苦手なのか、いくつか理由が思い浮かぶでしょう。

多くはＡＤＨＤの特性によるものです。

これから、その理由への対応策を一つひとつ考えていきましょう。

片づけが苦手だと思い込んでいるけれど、やればできます。

あなたは、片づける力——「片づけ力」を、じつはもっているのです。

片づけをする必要性が感じられない

家が散らかっているのはいやで、片づけなければならないのだろうと思います。でも、暮らしていけるし、命にかかわるわけではないと、必要性から目をそむけがちです。

散らかっていても……

片づけをしないとダメだと思います。一方、片づけはめんどうだし、片づけ方がわからないので、片づけには大変な労力がいります。この２つを天秤にかければ、つい楽なほうを選びたくなります。

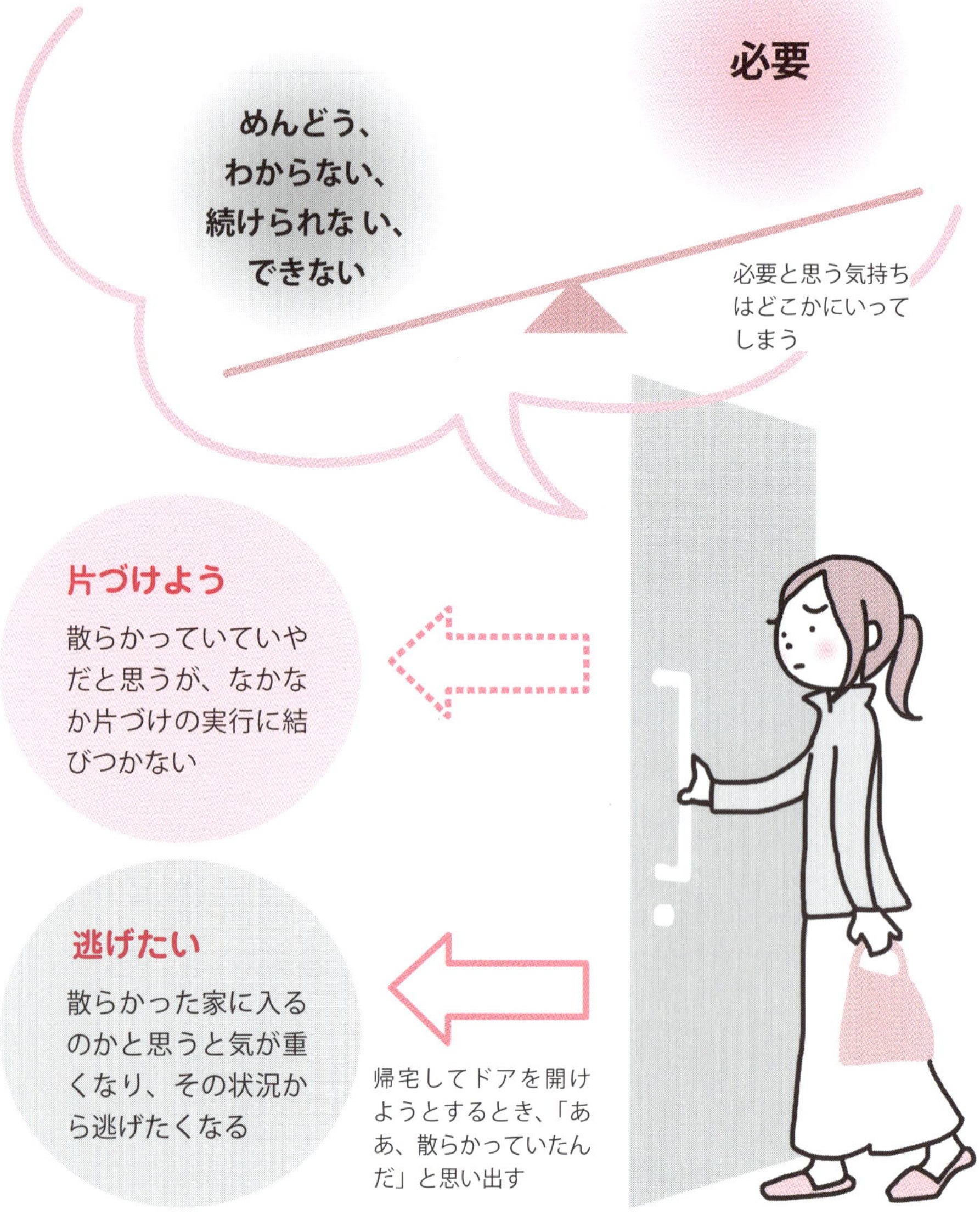
必要
めんどう、わからない、続けられない、できない
必要と思う気持ちはどこかにいってしまう
片づけよう
散らかっていていやだと思うが、なかなか片づけの実行に結びつかない
逃げたい
散らかった家に入るのかと思うと気が重くなり、その状況から逃げたくなる
帰宅してドアを開けようとするとき、「ああ、散らかっていたんだ」と思い出す

片づけとは

部屋を片づけることとは、ショールームのように美しく整えることではありません。生活していくうえで必要なものを使いやすく、また後片づけもしやすくすることです。ストレスなく快適に暮らせるようにするのが片づけの目的です。

収納や家事のシステム化

家族関係をよくする

機能的な生活

精神的な安定

目標

自分にとって使いやすい部屋にする

ストレスがなく、快適に暮らせるように

一度片づくと維持しやすくなる

片づけられない自分をわかっている

部屋が散らかっていても、とりあえず日常生活は続けられるため、なかなか「今、片づけよう」という気持ちになりません。しかし、部屋が片づいていないことを誰よりも気にしているのは、片づけられない本人です。

整理整頓されず、あふれかえったものは、まるで自分自身の頭の中を映すよう。散らかり放題のものに、責められているように感じます。

「私は片づけが苦手だからしかたない」とあきらめないで。片づけの必要性を認めることが、実行につながります。まず、片づけをしないと困ること・するとよいことを考えてみましょう。

散らかっていると困ることを考えてみよう

片づけを実行するために、まず、どうして片づけが必要なのかを整理してみましょう。部屋が散らかっていることで、知らないうちに損をしたり、失敗していたことがあったはずです。

困ること

散らかっている部屋はトラブルのもと。「もの」をなくすだけでなく、「時間」も「空間」も失います。知らないうちに、いろいろな困りごとが生じています。具体的に例を挙げてみましょう。

ものをなくす

整理整頓ができていないので、必要なものがどこにあるのかわからない。貴重品や大切なもの、人から借りたものなどを紛失すると、信頼もなくしてしまう

友だちを家に呼べない

散らかり放題の部屋に住んでいることを、人に知られたくない。それ以前に、人を招き、お茶を飲んでもらうスペースもない

家族を怒らせる

使ったものは出しっぱなし、服は脱ぎっぱなし。生活空間を共有している家族から「片づけなさい」と責められて、家族関係も悪くなる

友だちに理由も言えず、ただ「家に来ないで」と苦しいお願いをするはめに

失敗や後悔したことを思い出して

いつも探しものをしてイライラしている、家を出るのが遅れて人との約束を守れない、気軽に自宅へ人を招くことができない。そんな自分がたまらなく嫌い。

そうした悩みや失敗に心当たりはありませんか。それらは、部屋が散らかっていることが原因で起こった可能性があります。

部屋が散らかっていると、もの探しに時間をとられ、不要なもので空間もとられます。生活に支障をきたし、家族から責められるでしょう。これらはあなたの心を疲れさせます。じわじわと、あなたの心を追い詰めています。

スペースをとられる

服や雑誌、ゴミなどが床に置かれ、足の踏み場もなくなる。ベッドの上にもものがあふれ、寝返りも打てないようなスペースで寝ることも

落ち込む

部屋が片づけられない自分は「ダメな人間」と考え、いやになる。失敗ばかりくり返す自分に自信がもてず、何もする気がなくなっていく

人間関係にひびが入る

出欠の返事を出さなかったり、人に借りたものをなくしたり、プレゼントをくれた相手にお礼をしない、などのために信頼関係を損なう

生活に支障をきたす

冷蔵庫には消費期限切れの食品が入れっぱなし。通販などの支払い期日を守れないこともしばしば。計画的に生活できないため、生活がスムーズにいかない

もの探しに時間をとられる

出勤や外出の直前、カギがない、財布がないと探しはじめるので、いつも時間ぎりぎりになったり、遅刻したりする。時間的にも精神的にも余裕をもって行動できない

イライラする

テレビを見ようと思っても、リモコンがどこにあるかわからない。いつも探しものをしなければならず、イライラする。片づけができない自分が責められているような気持ちになる

カギ、定期券、財布のいずれかを、しょっちゅう探している。その結果、遅刻の常習犯

片づけるとよいことを考えてみよう

片づけるとどんなよいことがあるかを考えてみましょう。部屋が片づくと、困りごとや悩みの多くが解決する可能性があると気づき、片づけの必要性が実感できるでしょう。

よいこと

片づいた部屋は、ものや空間、時間を管理できている証拠。片づいた環境をつくれば、生活しやすくなり、人間関係もよくなるでしょう。片づけは、散らかった部屋がもたらすさまざまな悪影響を解消でき、目に見える形でよい結果が得られるはずです。

家族が喜ぶ

スッキリ片づいた部屋は誰にとっても気持ちがよいもの。快適な環境ができるため、家族も喜んでくれる。家族関係も良好になる

人間関係がよくなる

自信をもって友人を招くことができる。また、約束の時間を守ったり、借りたものをきちんと返したり、良好な関係を築けるようになる

友だちを家に呼んでもてなしたり、家族に喜んでもらったりなど、「誰かのために」は、片づけの大きな動機づけになる

自分の心への影響が大きい

部屋が片づくことのメリットは多くあります。まずは部屋のスペースを確保でき、ベッドに手足を伸ばして寝たり、ゆっくりとくつろいだりできます。読書に没頭したり、何かの作業にとりかかったりもできるでしょう。

ものを整理整頓すれば、必要なときにさっと取り出せ、無駄なく活用できます。探しものにかけていた時間も有効に使えます。

そして、いちばんのメリットは、家族に責められたり、自分自身を責めたりせずにすむこと。精神的に安定し、自信をもって生活することが可能になります。

生活がスムーズに、
機能的になるので、
気持ちがよい

気持ちがよい

ものが片づいているだけで、気持ちに余裕ができる。人からも、散らかったものからも、自分自身からも責められず、気持ちがよくなる

スペースができる

ものを片づけることで、座る場所、寝る場所などを確保でき、当たり前に生活できるようになる。余計なものが散らかっていないため、気が散らず集中力も増す

ものが見つかる

ものが整理されていることで、探しものやなくしものがなくなる。ものを探す時間も減り、時間的な余裕ももてるように

維持が簡単

一度片づけをすると、次から片づけがしやすくなる。使ったものは定位置に戻すなど、散らからないような工夫もできるようになる

自信がつく

必要なものがどこにあるかを把握できる自分や、食品の消費期限や支払いなど、期限を意識して計画を立てたりする自分に、自信がつく

ものを大切にできる

自分が持っているものを把握できるため、同じものを買ったりすることがなくなる。ものを大切にしたり、有効に活用することにもつながる

イライラしない

いつも何かが見つからない、時間に間に合わないという焦りがなくなり、時間的にも精神的にも余裕をもつことができる

めんどうなので、先送りしてしまう

ＡＤＨＤがあると、やらなければならないとわかっていることに、なかなか「やる気スイッチ」が入りません。つい先送りしてしまいますが、この先送りがますますやる気を失わせます。

やる気スイッチが入らない

すぐにやる気になれないのは、時間の見通しができない、結果を想像しにくい、「めんどう」という気分に支配されるというＡＤＨＤの特性に関係があります。その結果、つい先延ばしにしてしまいます。

皿や茶碗でいっぱいの流し。「たまっているな」、「洗わなくてはならない」と思う

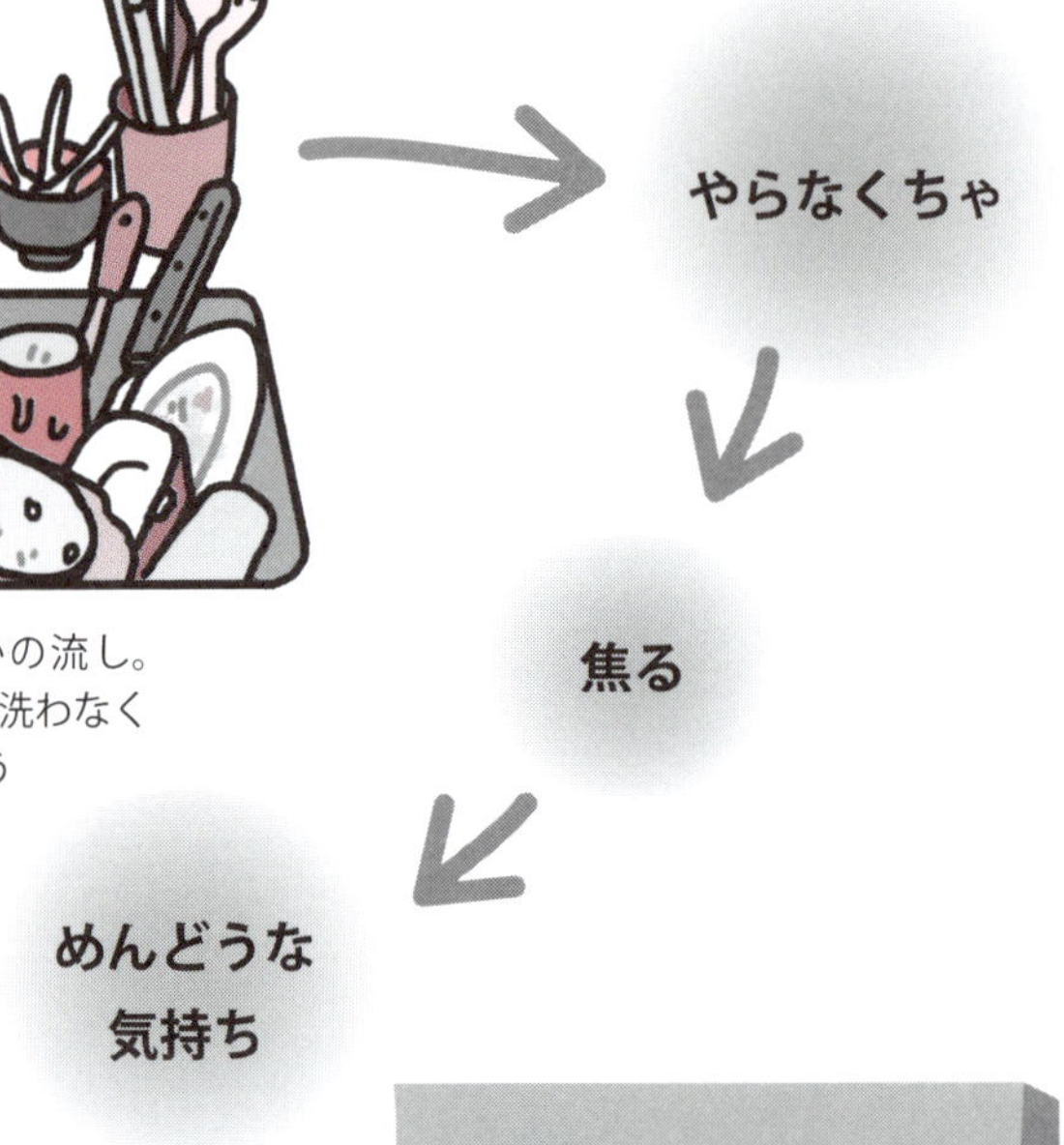
やらなくちゃ
焦る
めんどうな気持ち

OFF

めんどうに思う気持ちが強く、やる気スイッチが入らない

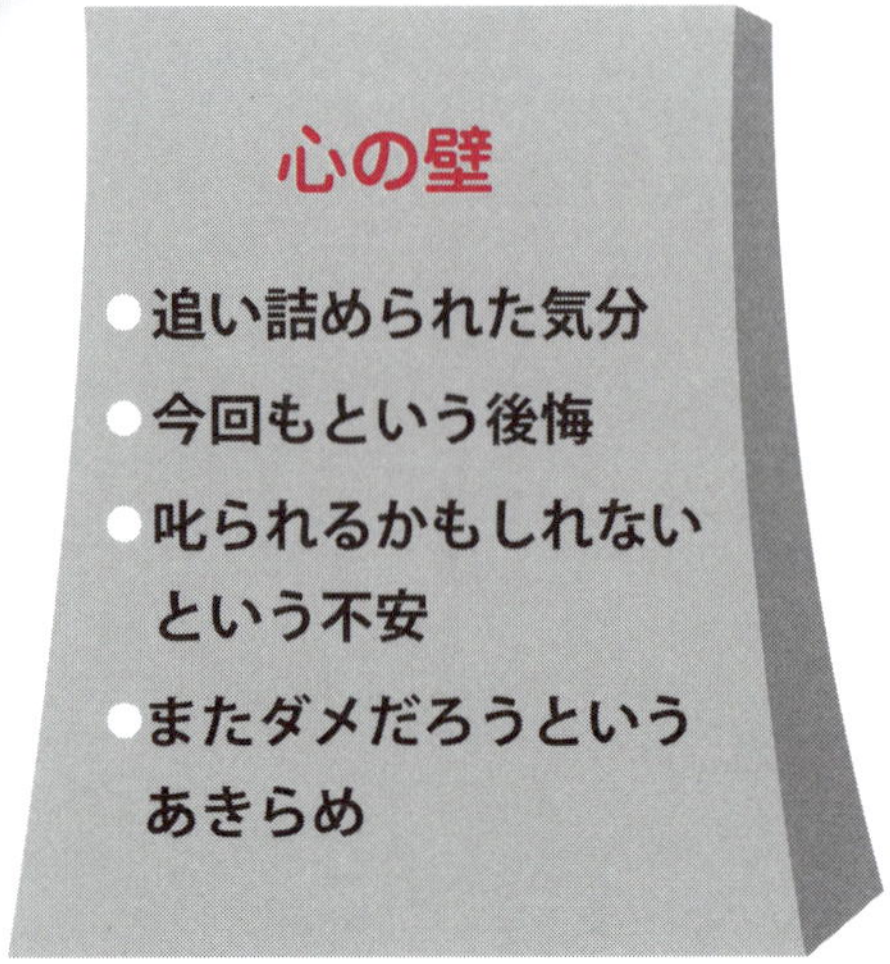
心の壁
●追い詰められた気分
●今回もという後悔
●叱られるかもしれないという不安
●またダメだろうというあきらめ

高い壁がそびえたち、実行に移れない

先延ばしするほどやる気がなくなる

ＡＤＨＤのある人は、やるべきことはわかっていても、なかなかやる気になれません。それは、先の見通しを立てることが苦手なためと考えられています。いつまでに終わらせなければならないかから、今、これをしておこうという計画が立てられないのです。

先のことを想像するのが苦手で、つい目先の「めんどう」という気分に支配されて、「後でやればいいや」と思ってしまいます。

その結果、いつもぎりぎりになって始め、時間が足りなくなって失敗をくり返します。この苦い経験が心の壁となって、やる気を阻むことに……。

特に、先延ばしにすればするほど追い込まれて、心の壁が高くなるため、ますますやる気がなくなっていく、という悪循環に陥っていきます。

睡眠不足がありませんか？

ＡＤＨＤのある人は、やる気になるまでに時間がかかりますが、一度やる気になるとなかなかやめられないこともあります。夜遅くまで好きなことに没頭してしまう場合も。

また、時間管理が苦手という特性もあり、就寝時間がバラバラになりがちです。

夜更かしや徹夜で十分な睡眠がとれないと、疲れがとれず、やる気のエネルギーがわいてきません。睡眠不足には注意しましょう。

また今回もぎりぎりになって、ずさんな仕事をしたと、自分がいやになる

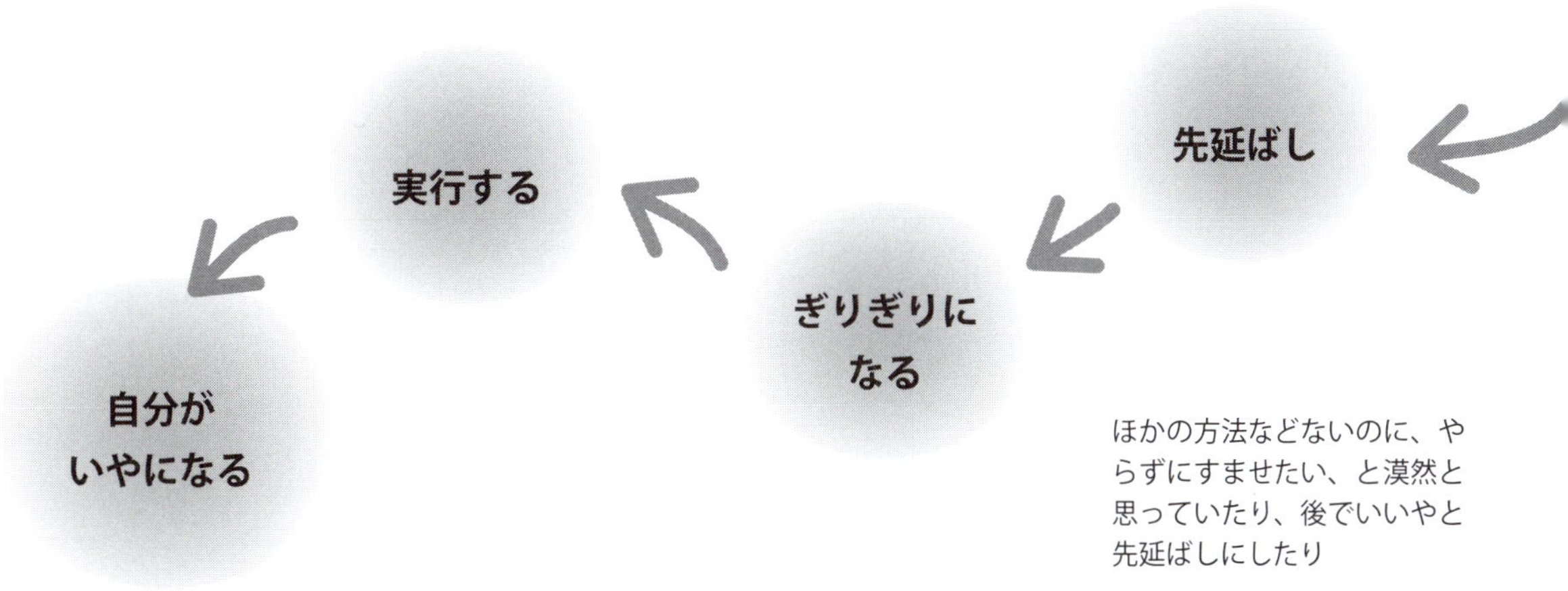

ほかの方法などないのに、やらずにすませたい、と漠然と思っていたり、後でいいやと先延ばしにしたり

気持ちを変えて、やる気スイッチを入れよう

やる気を阻むのは、「今回もまた失敗する」という不安や、「どうせダメだ」というあきらめ。でも、過去にしばられず、すぐに動き出すことで、「やる気スイッチ」を入れることができます。

やる気スイッチを入れるのは自分

過去の失敗の経験から、不安やあきらめの気持ちにとらわれやすい傾向があります。

やろうやろうと思いつつ、友だちと遊びに行ったり、違うことを始めたりしますが、「やらなくちゃ」という思いは頭から離れません。先延ばしにするほど状況は苦しくなり、「やらなくちゃ」という重圧がのしかかります。

この悪循環から逃れるには、逃げていないで「やる」しかありません。やる気スイッチを入れるには、「やらなくちゃ」を「やりたい」という前向きな気持ちに変えることがポイントです。

やる気スイッチを入れる３つの方法

「やらなくちゃ」という義務感でいやいや始めようとしても、なかなかその気になれません。どうせやらなくてはならないのなら、やることの意味を見つけ、気持ちを変えて、自分のためにやる気スイッチを入れてみましょう。

1 どちらの気分がよいか考える

すぐ洗う → きれいでスッキリ

5時間後に洗う → 何度も目に入る

翌日までそのまま → 何度も目に入る

汚れたままの食器が目に入るたびに「ああ」と思う。ADHD があると、そうでない人より「ダメな私」と落ち込むことが多いのです。すぐに片づけて、よい気分になりませんか。

2「～したい」と言ってみる

義務だと思うとやる気にならないけれど、好きなことならできるのがＡＤＨＤの特性。たとえ本心ではなくても「部屋を片づけたい」と声に出して言ってみましょう。「めんどうだ」「やりたくない」という気分が、「片づけがしたい」「きれいになるのは気持ちいい」というポジティブな気持ちに変わっていきます。

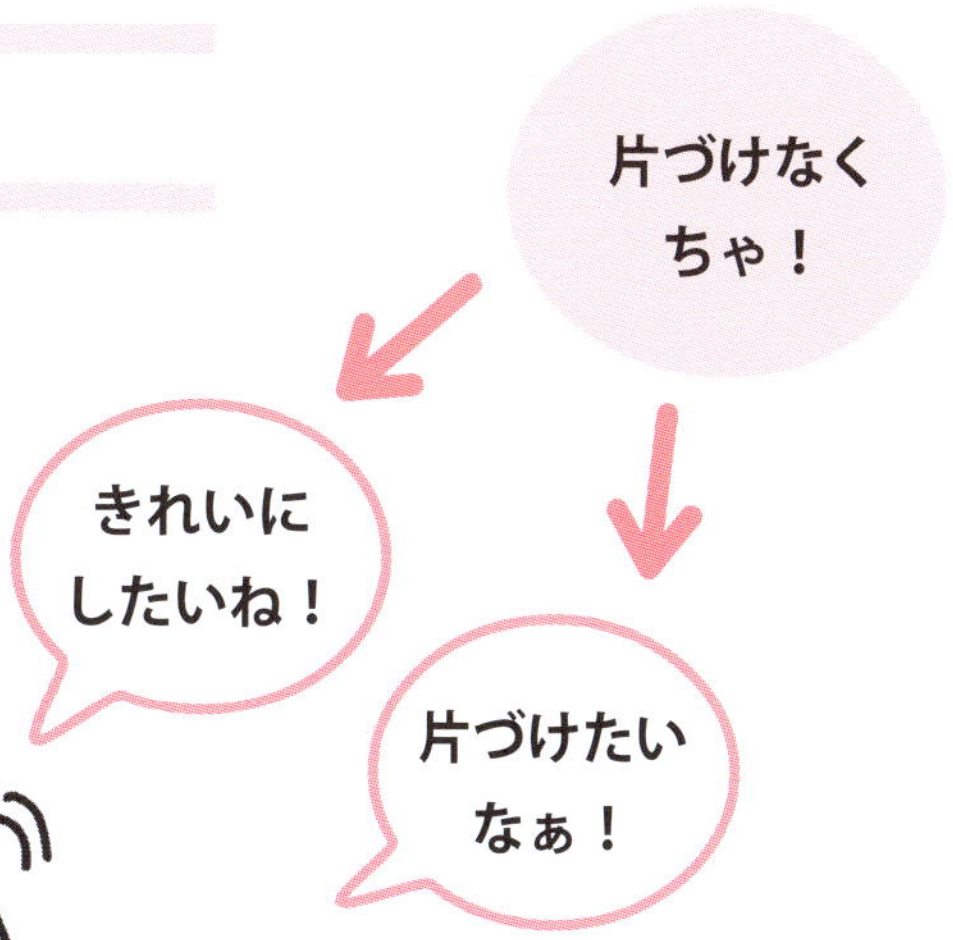
片づけなくちゃ！
きれいにしたいね！
片づけたいなぁ！

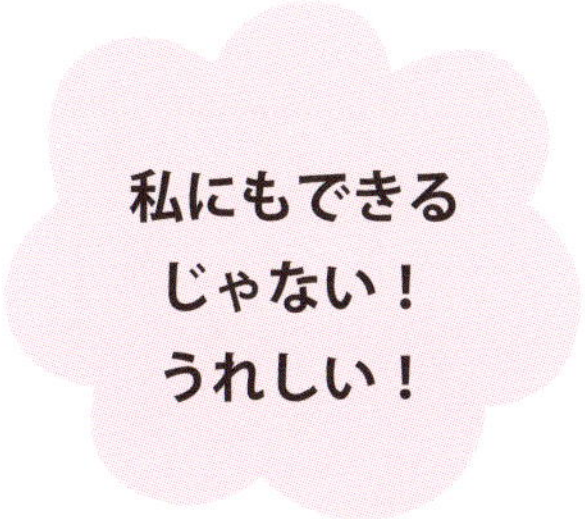
私にもできるじゃない！うれしい！

片づけがすんだら、自分をほめる言葉を声に出そう

声に出すことで、情報が耳から入り、その気になりやすい

友人を呼んだ状況をイメージしてみよう

ＡＤＨＤのある人は、こうするとこうなるという結果をイメージする力が弱い特性があります。

何のために片づけをするのかイメージできないと、やる気が持続しにくいかもしれません。そこで、片づいた部屋でこんなことをしてみようと思い描いてみましょう。特にやりたいことが思い浮かばない人は、友人を部屋に招くことをイメージするとよいでしょう。

3 よい結果をイメージする

何のためにするのか、これをするとどんな結果になるのかイメージしてみましょう。台所が片づいたら、得意なカレーをつくれる、家族が喜んでくれる、など具体的にイメージすることでやる気スイッチが入りやすくなります。

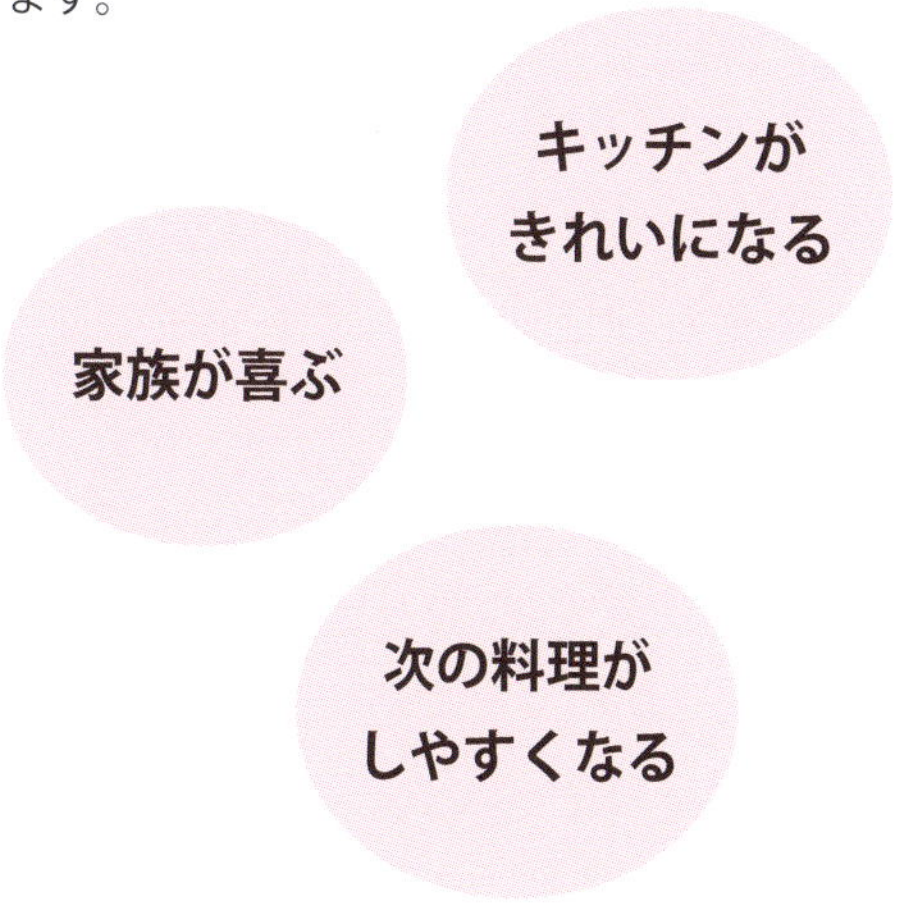
キッチンがきれいになる
家族が喜ぶ
次の料理がしやすくなる

すぐに気が散って別のことを始めてしまう

せっかくやる気を出して片づけを始めても、ADHDのある人は集中力を保てません。特に、決まりきった日常業務や単純作業では、ほかのことに気を奪われてしまいがちです。

1つのことを続けられない

目新しく興味のあることに対してはワクワクした気持ちで集中力を発揮できますが、日常の業務や単純作業はすぐに飽きます。「つまらない」と思うものほど、初歩的なミスが多くなり、別のことに興味が移りやすいのです。

散らかった服をまとめて、たたんでいるうちに
ふと、さっき送ろうとしていた宅配便がテーブルの上に置いたままになっているのに気づいた

そういえばガムテープはどこに入れてあったかと探しまわる。片づけ中の服のことは忘れてしまう

結局……

服の片づけは、やりかけのまま山積みで放置。その山から服を引っ張り出して着ていき、やがて散らかっていくはめに。一方、ガムテープを探しているうちに、ほかのものに興味が移り、宅配便も出さなかった。

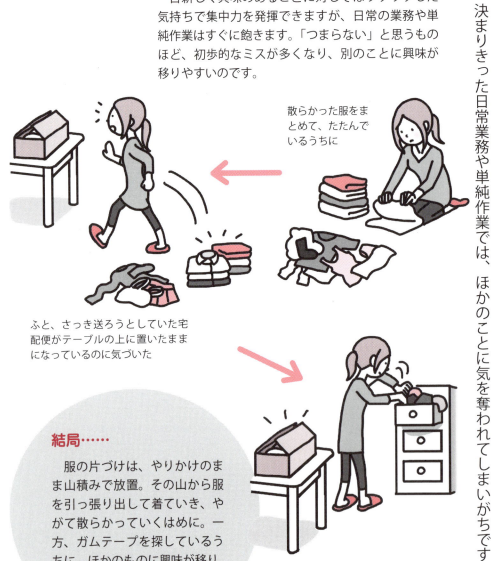

集中力が保てないのは

１つのことに集中力が続かないのは、意思が弱いからではありません。「不注意」「衝動性」「多動性」というＡＤＨＤの特性と関係が深く、周囲の刺激に惑わされたり、何をしているか忘れて別のことを始めてしまうためです。

忘れやすい

毎日おこなうような日常的な作業で、何度も同じようなミスをくり返します。人からは「反省がない」「進歩がない」と思われがちですが、作業の手順や細部を忘れてしまうことが原因です。特に、ワクワクすることやほかの刺激に気をとられると、忘れやすくなります。

刺激を受けやすい

テレビの音や車の音、エアコン、冷蔵庫などの作動音や、外から漂ってくる匂い、光など周囲の情報が気になって、集中できません。周囲の情報を取捨選択するのが苦手なのです。

飽きっぽい

気分に支配されやすい特性があり、「つまらない」「興味がない」ということに対しては、まったく集中できないのです。数分もたたないうちに携帯電話を見たり、休憩をとったりしてしまいます。

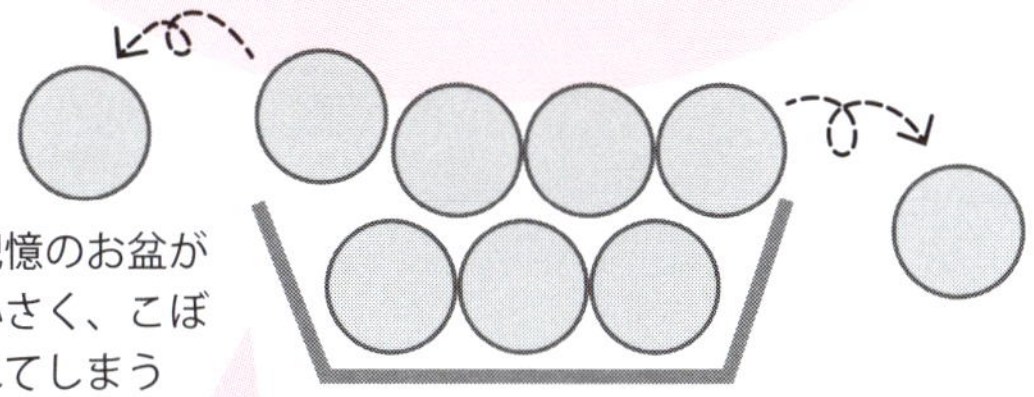

記憶のお盆が小さく、こぼれてしまう

ワーキング・メモリが小さい

日常的な作業は、注意すべきことを頭にとどめながらおこないます。これがワーキング・メモリ。ＡＤＨＤではワーキング・メモリが小さいという特性があります。

記憶力や集中力を保つことが難しい

ＡＤＨＤがある人は、瞬発力のある半面、持続力が足りない傾向があります。マラソンランナーではなく、短距離走者タイプです。

新しいことには集中してがんばりますが、日常の決まりきった作業や単純作業は飽きやすく、なかなか集中できません。やり遂げるために必要なワーキング・メモリが小さく、記憶からすべきことが抜け落ちてしまう傾向があります。

▼短期集中で

片づけに集中するための工夫をしよう

片づけは短時間にして、1アイテムに絞るなど、自分に合った集中のしかたを工夫しましょう。ほかに気をとられず、あっという間に片づけが終わります。

15分間を1回として

音楽を流しても

好きな曲を流すのもよい工夫です。片づけの時間は、好きな曲を聞く時間になります。

15分間の片づけタイム

タイマーを15分後にセットし、服なら服、レジ袋ならレジ袋というようにそれだけを集めることに集中しましょう。途中で、懐かしい写真などが出てきても、思い出にひたっていてはいけません。

タイマーが鳴ったら、途中でもやめる

集めるものを決めたら、そのものの名前を呪文を唱えるように声に出しながら集めると、気が散らない

片づけをするのは一五分間だけに

散らかっている部屋を一度にきれいにしようとがんばりすぎると、「あんな大変なことはやりたくない」という思いが強くなり、片づけがおっくうになります。

しかし、部屋は生活の場なので、定期的に片づけが必要です。そこで片づけの時間を一回一五分間と決めるのです。これならがんばりすぎずにすむでしょう。

一五分間ではできることが限られますが、休日に二〜三回まとめればOK。これを何回かくり返して片づいた状態にしてしまえば、以後は日常の簡単な片づけだけで維持していけるようになります。

めげないで

15分間の片づけが終わった後、部屋のなかを見渡してみます。まだまだ片づいた部屋とは言えないかもしれませんが、めげないでください。「15分間よくがんばった！」と自分をほめて、小さな達成感を積み重ねていきましょう。

10分間の休憩タイム

タイマーが鳴ったら休憩。ここで休まずだらだら続けると、集中力が低下し、自分でも何をしているのか作業の目的を見失ってしまいます。

休憩の10分間もタイマーをセットし、お茶を飲んでひと息ついてもよいでしょう。タイマーが鳴ったら再び、次のターゲットに向けて作業開始です。

くり返す

再び15分後にタイマーをセットし、次のアイテムをひたすら集めていきます。毎回少しずつこれをくり返せば、片づけにも慣れてきて、めんどうな気分は薄れていくでしょう。

タイマーが鳴ったら休憩終わり

疲れていなくても休む

疲れたと感じなくても、15分間で作業を終え、ひと息つきます。一度にがんばりすぎると長続きしません。休憩は、次の作業の力になります。

平日は週に1回でもよい

平日は、日常の簡単な片づけ（→27ページ）があるので、できても1回でしょう。1週間のうち平日に1回でもできたら「できた」と自分をほめてもよいくらいです。15分間でなくても、ものを10個拾うだけでもＯＫです。

休日は1日に2～3回

週1回の休日は、片づけタイム＋休憩タイムで1回として、2～3回おこないましょう。集めた雑誌を束ねるなど、まとまった作業ができます。

どこから手をつけたらよいかわからない

片づけは状況を判断しながら進める作業です。状況の判断とは、頭に入ってきた情報を次々に整理すること。ADHDのある人はこれが苦手なので、片づけの優先順位をつけられません。

情報が一気に入ってしまう

散乱した服や、洗っていない食器、枯れかけた観葉植物、開封していない封書やダイレクトメール……。すべきことの「情報」が頭に一気に入り、気持ちが焦るばかりで情報整理ができません。

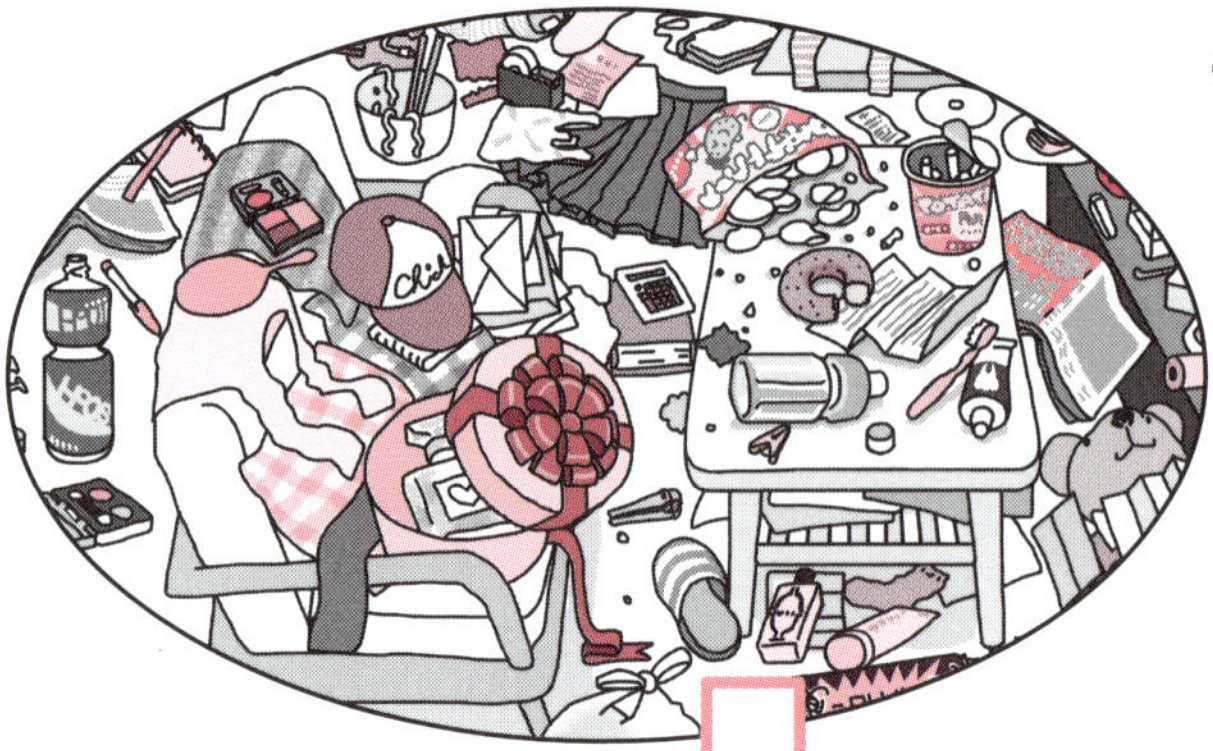

お手上げ状態になり、片づけをあきらめることも

情報処理が追いつかない

ものを集める、ごみを捨てる、服をハンガーにかけるなど、一度にあれもこれもやろうとして、結局何から手をつけてよいかわからず混乱します。

優先順位がわからない

食べ残したものと、床に散らかった本や雑誌、どちらを先に片づけるべきか優先順位をつけられません。好きなことを優先してしまいます。

焦るだけで、動き出せない

多くのことを同時に進められない

ＡＤＨＤのある人は、同時に多くのことを進めるマルチタスクは最も苦手とするところです。片づけに限らず、目先の作業に没頭して、肝心のことができていないということも少なくありません。

片づけには、いろいろな要素が含まれています。その要素を一つひとつ積み重ね、まんべんなく進めていかないとなると、頭の中は大混乱でしょう。散らかった部屋を見ても、どこから手をつけたらよいかわからず焦るばかり。つい目の前のことや好きなことから始めてしまいます。

行き当たりばったりで、好きなことばかりやっていると、時間だけが過ぎていきます。いつしか全体を見失って、自分がそもそも何の作業をしていたのか、わからなくなることさえあります。

片づけはマルチタスク

片づけは状況に合わせて、さまざまなことを同時に進めていく作業です。ＡＤＨＤのある人には、四方八方に気を配って順番を考えながら作業を進めていくのは、とても苦手なことです。

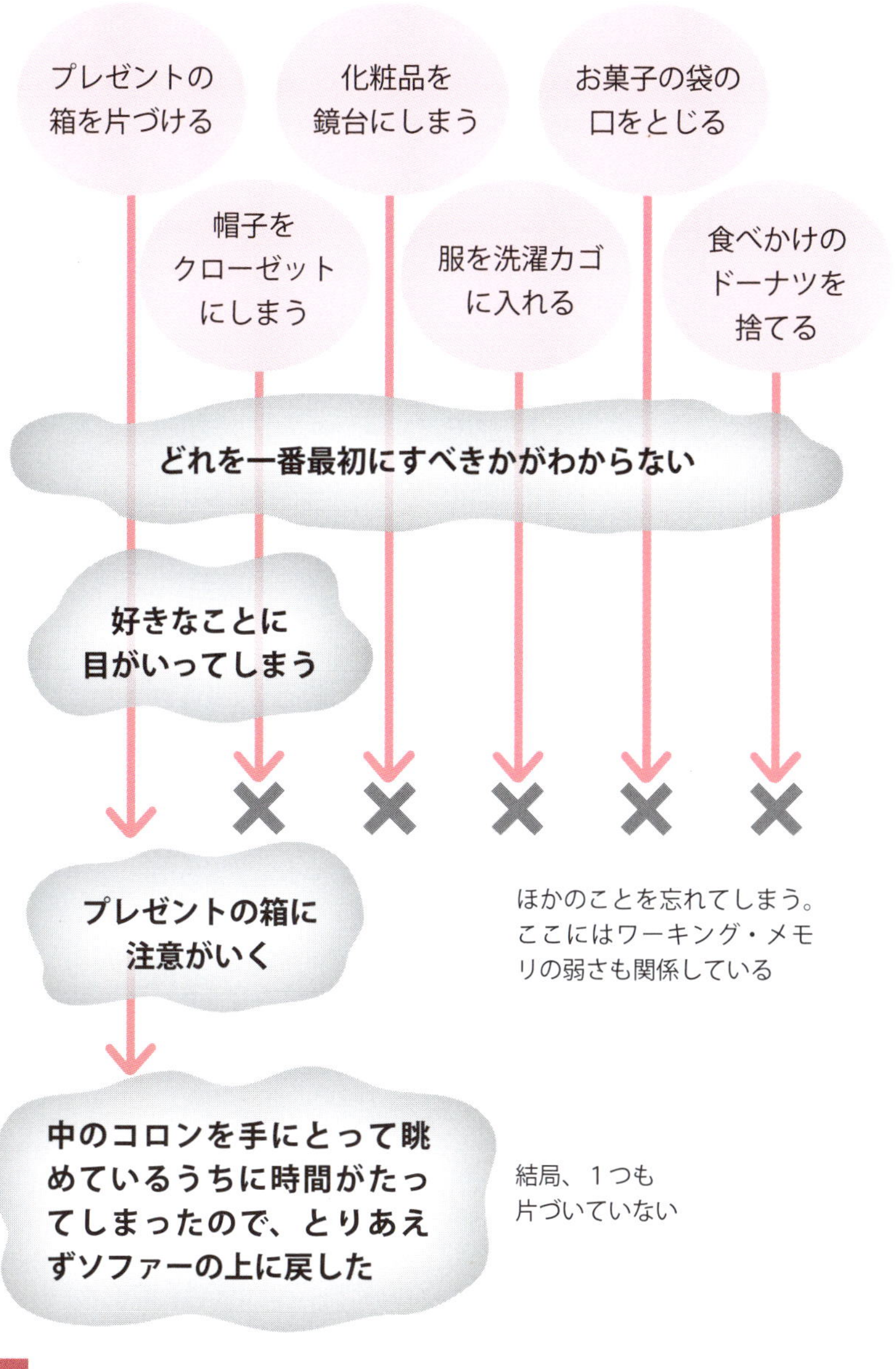
プレゼントの箱を片づける
化粧品を鏡台にしまう
お菓子の袋の口をとじる
帽子をクローゼットにしまう
服を洗濯カゴに入れる
食べかけのドーナツを捨てる
どれを一番最初にすべきかがわからない
好きなことに目がいってしまう
プレゼントの箱に注意がいく
ほかのことを忘れてしまう。ここにはワーキング・メモリの弱さも関係している
中のコロンを手にとって眺めているうちに時間がたってしまったので、とりあえずソファーの上に戻した
結局、１つも片づいていない

片づけの順番を明らかにしておこう

どこから片づけようかと、そのつど悩まなくてすむように、大まかな順番を決めておきます。好きなものや目先のものに注意が向いてしまう特性をふまえ、目立つものから始めましょう。

目立つアイテムを一つずつ集める

なんとなく手にとったものを、「どこに片づけようか」と迷い、結局右から左へ移動させただけ、ということはありませんか。片づける順番が大まかにわかっていれば、迷わずに体を動かしはじめることができます。

まず、目立つものを片づけましょう。部屋全体を見渡して、散らかっているもののうち、いちばん目立つものは何かを見てみます。

目立つものとは、数が多いもの、場所をとっているもの、早く片づけたほうがよいものです。そのうち、手近で簡単なものをターゲットにします。例えば、目の前に食べ残しのお菓子があったら、最初のターゲットは、放置している食べかけのものです。

ものがなくなってくると、片づいて見えるので、次のやる気もわいてくるはずです。

片づけやすいものを1つだけ。体を動かしはじめると、徐々にやる気が出てくる

その前に！

毎日探すものの定位置を決める

本書を読んでも、本格的な片づけは、ある程度時間がとれる日から始めることになるでしょう。その前にぜひ、すぐにやっておきたいことがあります。

それは、毎日使うのに、しょっちゅう探しているものの定位置を決めること（40ページ参照）。財布、カギ、定期券、スマホを探すのに時間をとられていると、片づけにとりかかれません。

片づけの順番

目立つものを１アイテムずつ片づけます。部屋全体のものが減ってきたら、残ったものを部屋別に片づけます。部屋中あるいは家中の散らかり具合がひととおり片づいたら、その状態をなるべく維持していきましょう。

1 アイテム別に片づけ

同じものが全体に散らかっているでしょう。目立つものから１つずつターゲットを絞って片づけていきます。徐々に部屋がすっきりしてきて、結果が見えるので、また次の日もやろうという気がわいてきます。

→３章へ

食関係　書類　衣類　趣味のもの　本・雑誌　など

2 部屋別に片づけ

目立つものがなくなって、だいぶすっきりしています。あとは、一部屋ずつ、残ったものを片づけていきます。スペースを区切って15分間で少しずつ片づけていくとよいでしょう。

→４章へ

キッチン　リビング　ダイニング　水まわり　など

3 その状態を日常の簡単な片づけで維持

平日は、朝と晩にそれぞれ、状態を維持するための簡単な片づけをします（下記例）。徐々に散らかってくるでしょうから、休日にまとめて15分間の片づけを数回おこないます。

→23ページ

平日の朝

例　食事の後片づけ
洗面所の片づけ

平日の晩

例　脱いだ服の片づけ
食事の後片づけ
郵便物の整理

Column

片づけられない自分を否定しないで

自分を責めるのはもうよそう

ＡＤＨＤのある人は、片づけに苦労していて、どうして自分はこうなんだろうと、自分を責めつづけてきたのではないでしょうか。

しかし、得意なことがあれば、苦手なこともあるのが人間です。ＡＤＨＤの多くの人がもつ「片づけが苦手」という特性も、まず受け入れることから始めましょう。

そのうえでどうしたら片づけられ、あふれるもので混乱せずに暮らせるか、自分の特性に合った方法を探していけばよいのです。

自分の特性を認め、プラス思考に変えていこう

ＡＤＨＤがあるために、子どものころから人に理解されにくく、親や教師、まわりの大人から叱られてばかりいた人も多いでしょう。自分でも情けなく、自分を愛せなくなっている人もいます。

そうした過去の体験は、周囲の人にＡＤＨＤの特性が理解されていなかったためです。故意にあなたを傷つけようとしたわけではありません。

過去は過去として、これからはまず自分が自分を愛せるようにすることが大切です。そのためには、自分がどんなマイナス思考に陥りやすいかを知り、意識的にプラスの見方に変えていきましょう。

過去の自分を許し、あきらめないで。立ち上がって、また歩き出せばよい

2 二つの鉄則を守ればうまくいく

ＡＤＨＤのある人は、いわゆる「片づけ本」にあるような、
美しくきれいな片づけ方を目指すのはやめましょう。
守りたいことは、たった２つ。減らすことと定位置を守ることです。
あとは片づけを定期的に続けていくだけ。
そのためのコツも解説します。

ものの量を減らす→ものを管理できるように

部屋が散らかっている大きな原因に、収納のスペースに対して、ものの量が多すぎるという問題があります。ものを大切に使い、うまく活用するためにも、ものを減らしましょう。

バランスがとれていない

ものがあふれるのは、収納スペースとものの量のバランスが悪いから。とにかく、ものの量が多すぎるのです。収納スペースに見合った量に絞り込みましょう。

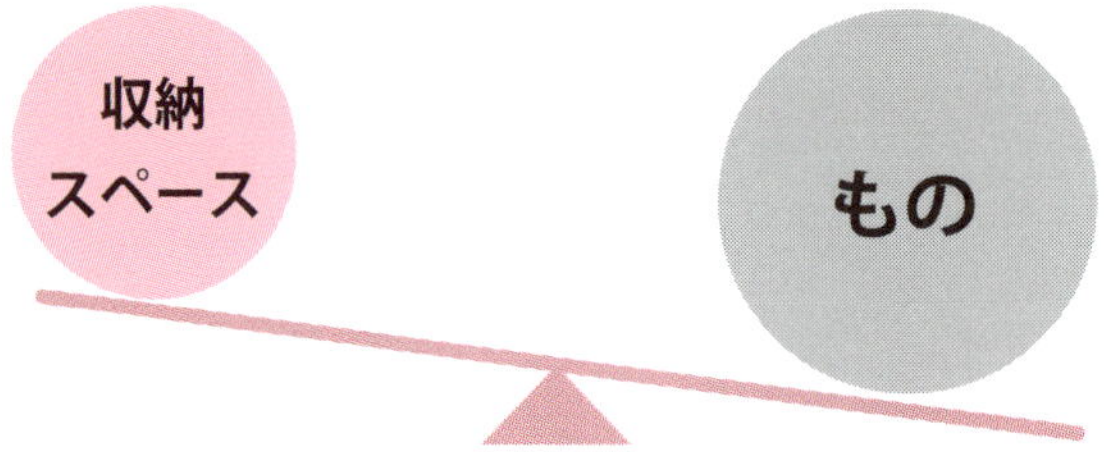
収納
スペース
もの

減らそう

本当に必要なものだけを残して、あとは減らすことを考えていきます。使うものはそれほど多くないはずです。「いつか使うかもしれない」と残しておいても、その「いつか」はこないのです。

捨てることに徹して

ものを減らすにはフリーマーケットで売ったり、寄付したりする方法もありますが、今はそれを考えないで。片づけが最優先なので、捨てることに躊躇《ちゅうちょ》しないでください。

売る
寄付
おすすめできない

片づかない最大の原因はものの量

クローゼットからは服があふれ、収納しきれない食器はテーブルに置きっぱなし。本も雑誌も本棚からあふれていますが、読みきったものはほとんどありません。

ＡＤＨＤのある人はしばしば、ものを買うことに情熱を燃やしますが、買ったらそのままという傾向があります。そうやって必要のないものが大量に増えてしまい、管理しきれなくなっています。

部屋を片づけるには、まずものの量を減らすこと。ものが大量にあると、片づけに無駄なエネルギーを消耗します。使わないものは手放し、楽に片づけられる量にすることから始めましょう。

なぜ減らせないの？

ものを減らせばすっきりするのに、一つひとつのものに捨てられない理由があって、なかなか手放すことができないと思っていませんか。考え方を変えましょう。

いつか使うから

「やせたら着られる服や、何かに使えるかもしれない雑貨類。とっておけば役に立つかも」

こんなふうに考えよう

多くは日の目を見ず、クローゼットの奥で邪魔になるばかり。たとえやせたとしても、服の流行は移り変わる。「いつか」はやってこない。今使えないものは、たいてい将来も使えない。

もったいないから

「捨てることに後ろめたさを感じてしまう」
「自分は使わないからといって、使えるものを捨ててしまうのは罪悪感がある」

こんなふうに考えよう
本当の「もったいない」とは

戦後のもののない時代は、捨てるのがもったいないと考えた。だが、ものがあふれる現代では、使わずにしまっておくほうがもったいない。

思い出の品だから

「家族や友人からもらった誕生日プレゼントや、初めての給料で買ったバッグなど、思い出がいっぱい」

こんなふうに考えよう

懐かしいと思っても、実際に使うことはない。もの自体の価値よりも、思い出が大事なものは、写真に残しておくというのもよい。

めんどうだから

「ものを減らすためには、何があるのか確認しないと。めんどうだから気分が重たくなり、つい先延ばしに」

こんなふうに考えよう

「めんどうだから」ではなく、「使うものだけ残せばよい」と前向きに考えて、やる気を出そう（1章参照）。

大事なものだから

「限定品で簡単に手に入らないものだから」
「学生時代から使ってきて愛着があるし」

こんなふうに考えよう

ものに対して感情移入してしまう傾向がある。ものはもの、自分の感情と分けて考えよう。

ものの減らし方がわからないなら

ものを減らしたほうがよいと言われても、何を捨てて、何を残しておいたらよいのか、これが問題です。一つひとつ手にとって考え込まないよう、ルールを決めて処分していきます。

「使う・使わない」で考える

ものを減らすルールは、使うかどうか。「使う」ものはとっておき、「使わない」ものは処分。

「いる・いらない」は、ものに感情移入しやすいADHDの特性のために適切なルールとはいえません。「使える・使えない」もダメ。使えても好みが違えば結局使わないでしょう。実際に使うかどうかを基準にします。

「いる・いらない」で考えない

「使える・使えない」で考えない

処分するのはこれ！

収納スペースに「しまいきれないもの」と「使わないもの」を減らしましょう。そして、ものを捨てることへの罪悪感も捨ててください。

しまいきれないもの

適切なものの量とは、押し入れ、クローゼット、引き出しや棚などの収納スペースに入るだけの量。しまいきれないものは、処分します。

例えば

- もらいものの皿
- 同じようなぬいぐるみ
- パーティーにしか着られないような服
- 昔、全巻そろえたマンガ
- 雑巾用にストックしてある大量のタオル
- 昔の制服

注意！

詰め込まない

収納スペースには余裕をもって収納します。ギュウギュウに詰め込むと、取り出すのに苦労し、結局、しまいっぱなしになります。

使わないもの

自分では「使う」と思っていても、実際に使っていないものも、処分の対象です。これまで使わなかったものはこれからも使わない、と割り切ります。

例えば

- 試供品のシャンプー
- やせれば着られる服
- ２年以上着ていない服
- 焦がして捨てたなべの、残ったふた
- 景品でもらったボールペン
- かわいいけれど壊れたオルゴール

奥の手！

「保留箱」に入れる

どうしても捨てられないものは、「保留箱」に入れて、判断を保留しましょう。１ヵ月後、保留箱を開けて、捨てるかどうか考えてみます。たいていは「なくても困らないもの」と気づくはず。

もらったけれど趣味の合わないカップも処分の対象

罪悪感

ものを捨てる罪悪感にとらわれていると、いつまでたってもものは減らせません。「捨ててよい」「ものよりも、快適な部屋でのびのびできる私のほうが大事」と考えましょう。

例えば

- 私には片づけられない
- 私はなんて役に立たない人間なんだろう
- 結局捨てるなんてダメな方法だ

アドバイス！

液体だって捨てられる

香水や化粧水、消費期限切れのジャムなど、捨てにくいために、ついそのままにしがちなものがあります。液体のものは、牛乳パックにボロ布や新聞紙を詰めて、液体を吸わせ、ガムテープで口をしっかり閉じて燃えるゴミに出せばＯＫ。

鉄則②

ものの定位置を決める→使ったらもとに戻す

ものが行方不明になるのは、ものの定位置が決まっていないためです。使った後は必ずその場所に戻しておけば、使うたびに「あれはどこへいった？」と探さなくてもすむでしょう。

置き場所を決めてもとに戻す

きれいに片づいた状態とは、必要なものが、収納スペースにしっかり収まっていること。そして、必要なときにすぐに取り出して使えることです。

そのためには、もののしまい場所（定位置）が決まっていないといけません。ものが行方不明になるのは、定位置が決まっていないことと、使った後、もとの位置に戻さないからです。

ADHDのある人は、目先のことで頭がいっぱいになり、「とりあえずここに置いておこう」とものを出しっぱなしにすることが少なくありません。別のことに気をとられ、無意識のうちにものを手近なところに置いてしまうことも。そうした行動パターンを自覚し、「使ったらもとに戻す」という鉄則を徹底しましょう。

「とりあえず」が原因

定位置が決まっていなかったり、もとに戻す習慣がついていなかったりすると、気軽にものを放置しがちです。

書類はとりあえずテーブルに
脱いだ服はとりあえずいすの上に
段ボールはとりあえず重ねておく
バッグはとりあえず足元に

注意！

キーファインダーには頼らないで

最近では、見つからないときに送信機のボタンを押すと、カギにつけた受信タグが音で場所を知らせてくれるという便利グッズ（キーファインダー）もあります。しかし、便利グッズに頼っていると、定位置に戻す習慣がなかなか身につきません。

使ったらもとに戻す

ものは使ったらもとに戻します。「使う」「戻す」のくり返しです。そのために、まず定位置を決めましょう。

ここが定位置

ものには、決まった置き場所がある。きちんと定位置が決まっているものは、いわば住所があるようなもの。使いたいときには、住所を訪ねればいてくれる

戻す

定位置に戻すことが鉄則。習慣になれば無意識に戻せるようになる

定位置に戻す前に、ほかのことに気持ちが向いてしまう

使う

なぜ戻せないの？

定位置が決まっていない

使った後、戻す場所が決まっていないと、ものは使いっぱなし、出しっぱなしに。住所不定のものは行方不明になりやすい

置くスペースがない

定位置を決めても、スペースに入らなければ、結局、出しっぱなしに

定位置を忘れる

定位置がわかりにくいところにあったり、視界に入らないところにあると、定位置を忘れてしまう

定位置がよくない

定位置は、使ったらすぐに戻せるところがベスト。ものを使う場所としまう定位置が離れていると、ものを戻すのがおっくうになりやすい

次に使うことを考えない

今のことだけに意識が集中し、ものを定位置に戻すことを忘れてしまう

定位置を決めよう

定位置の決め方がわからないなら

定位置を決めることが鉄則だとわかってはいても、どうやって定位置を決めたらよいかわからない人もいるでしょう。定位置の決め方を二つ、提案します。

定位置の決め方

ものの定位置は、使いたいときに取り出しやすく、使ったらすぐにしまいやすいところがベスト。定位置を決めるときには、自分の生活や行動を見直すことから始めます。

1 使う場所を考える

使う場所を定位置にします。ただし、本来使う場所ということです。使う場所と、本来の定位置とはズレていることがあるので要注意です。

よく使う場所、使った場所ではない

メモをとるためにテーブルでペンを使っても、テーブルの上がペンの定位置ではない。一時的に使っただけでは？

本来「使う」場所に置く

テーブルは食事をする場所。本来、書類を書いたりメモをとったりするのは机の上。机がなく、テーブルに置くのが便利なら、カゴに入れよう

（→ 41 ページ）

机の上、パソコンの横に置いておくと便利

注意！

ふたつき、扉つきは避ける

ＡＤＨＤのある人は、扉のある棚やふたのある箱などを定位置にするのは避けるほうが無難です。取り出すときや戻すときに、めんどうくさくなり、つい出しっぱなしにしてしまうからです。また、高いところや机の下なども、同様に出し戻ししにくいため、避けましょう。

2 動線を考える

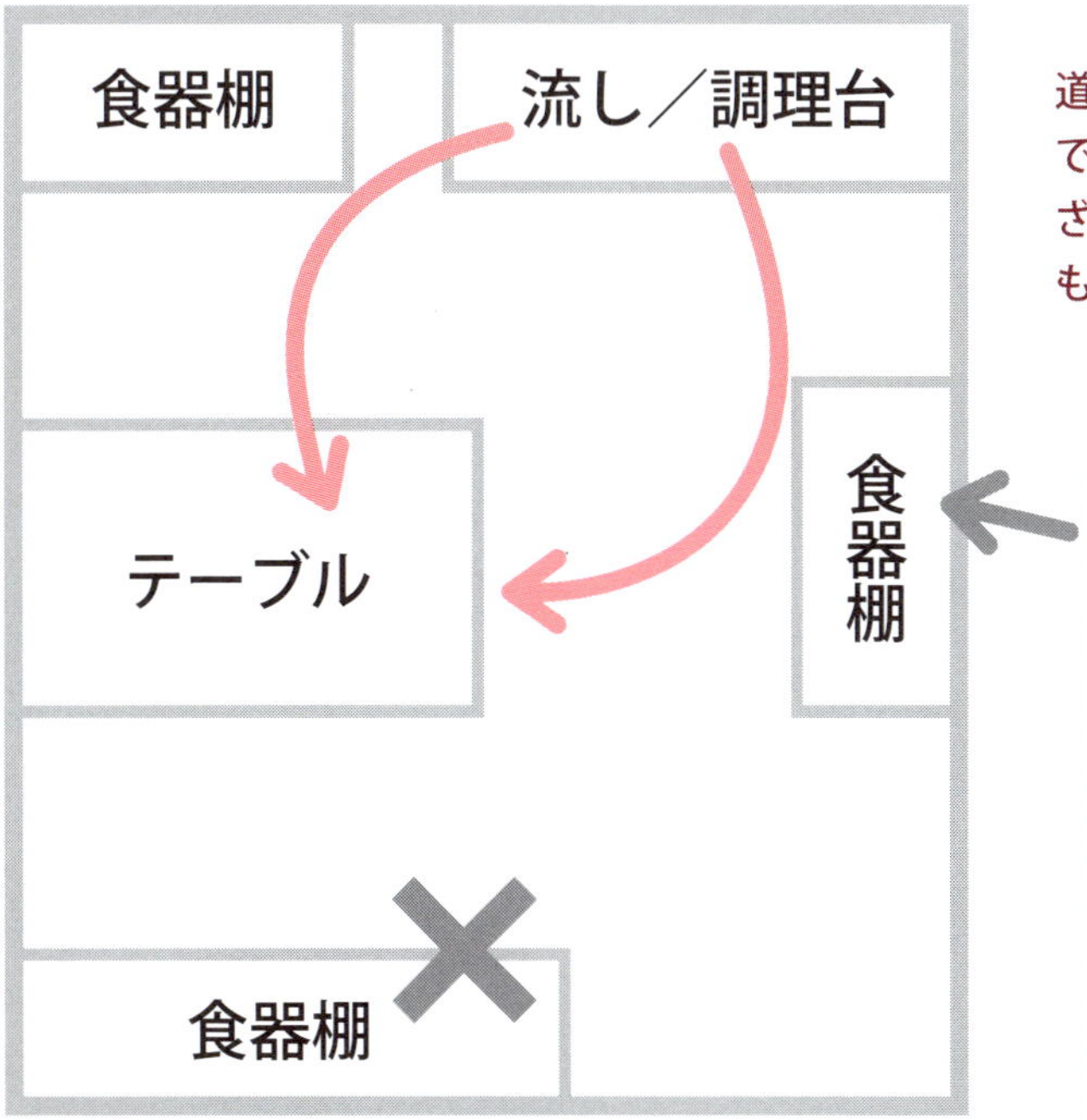

ものの定位置は、生活するときに動く道筋（動線）に合わせて設けるとよいのです。ものを取りにいくために、わざわざ移動するのはストレスになり、片づけもおろそかになりやすいからです。

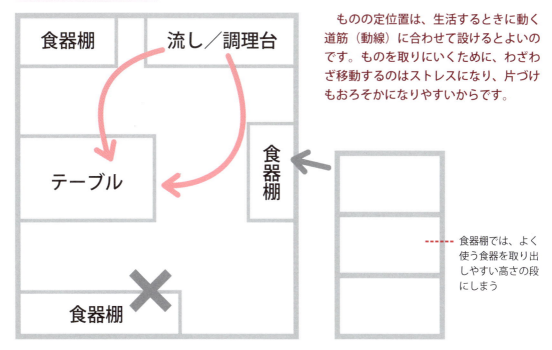

食器棚では、よく使う食器を取り出しやすい高さの段にしまう

料理を食器に盛ってテーブルに出す。その動線上に食器棚があるとよい

奥の手！

最初に探したところに

定位置の決め方の１つとして、「最初に探した場所」にする方法もあります。潜在意識のなかに「あそこにしまったはず」とあるからで、そこが定位置に最適な場所だといえます。

取り出しやすく戻しやすいところに

片づけをめんどうに感じたり、つい先送りしたくなったりするADHDの人は、「○○しやすい」ことを考えましょう。

ものの定位置は、使うときにさっと取り出せて、使い終わったらすぐに戻せる場所が理想。

また、よく使うものほど、棚や引き出しの手前に置きます。かがむひと手間がないように、取り出しやすい高さにします。

定位置を「見える化」すればすぐに戻せる

ものの定位置を決めたら、「見える化」します。ラベルを貼ったり、色分けしたりして、そこに何があるのかわかりやすくするのです。ひと目でわかれば、ものを戻しやすくなります。

記憶力の弱さをカバーできる

ＡＤＨＤがある人は、日常的な作業を注意深く進めるのに必要な記憶の容量が少ないといわれます。そのため、どこに何を片づけ、どの引き出しに何が入っているか、忘れてしまうことがあります。

こうした特性をもつ人が片づけしやすいようにするには、入っているものや、戻す場所を「見える化」することが有効です。例えば、ラベルを貼る、色分けする、直接ものが見えるようにふたはしないなど、視覚に訴えます。

ひと目でわかれば、「これはどこだっけ？」と考えなくてもすぐに定位置に戻せるでしょう。

ラベルを貼る

１つの引き出しに何を入れるか決めたら、ものの名前を大きくラベルに書いて貼っておきましょう。しばらくして、迷わずにものをもとに戻せるようになったら、小さなラベルに貼り替えます。

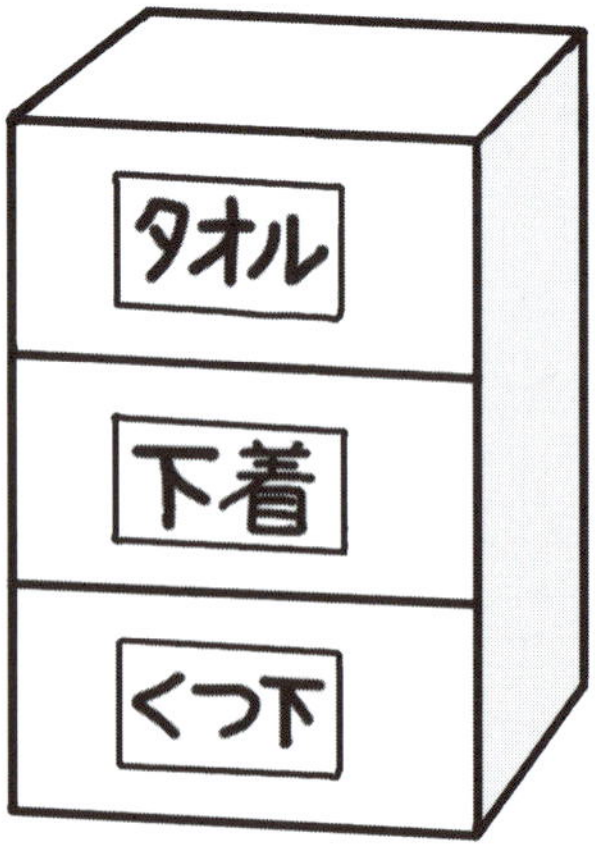

大きなラベルで記憶の補強を。ラベルの色を変えるなど、楽しめる要素を加えると、片づけのやる気もアップ

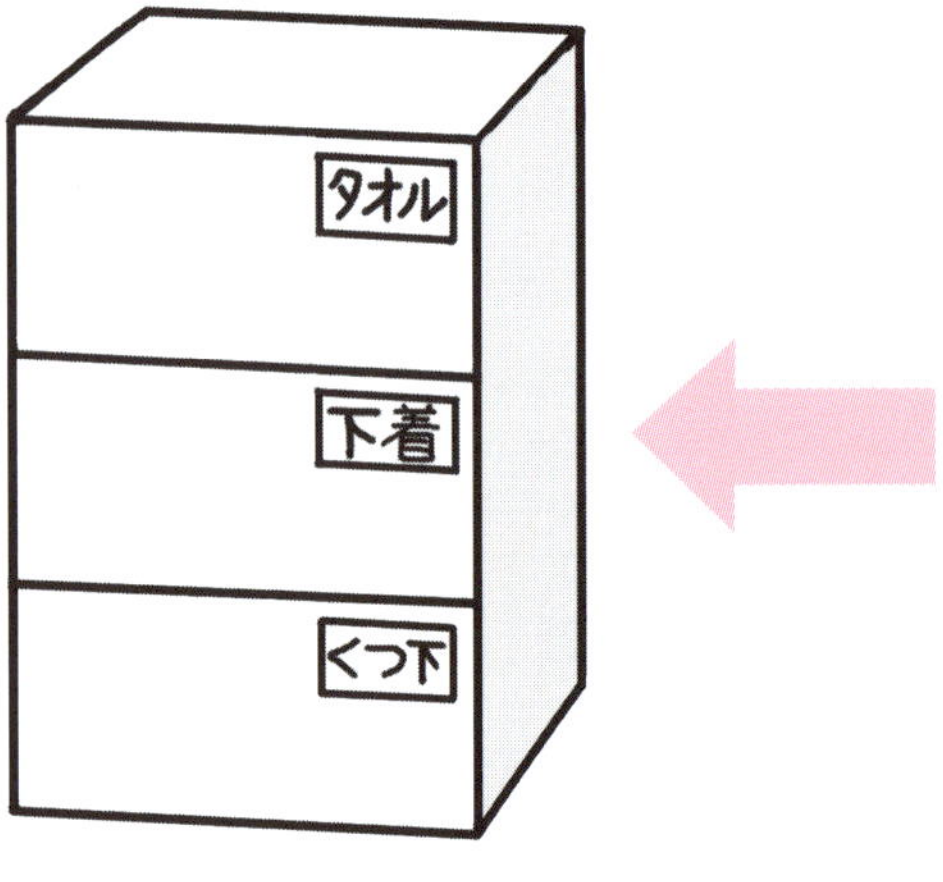

出し入れがスムーズにできるようになったら、小さいラベルにする。定位置を覚えたから大丈夫と思っても、ラベルがあるほうが、考えずに片づけができるので貼っておこう

「見える化」の工夫

　ものの定位置の記憶を補う「見える化」の工夫は、ラベルのほかにもいろいろあります。自分なりによい方法を探して実践してみましょう。色分けやシールを使うなど、楽しくできる工夫も加えましょう。

カゴを活用

　カゴの利点は、ふたがないため、中身がひと目でわかることです。大小のカゴを用意して、文房具やポケットティッシュ、ハンカチ、洗濯物など、それぞれ分けて活用しましょう。

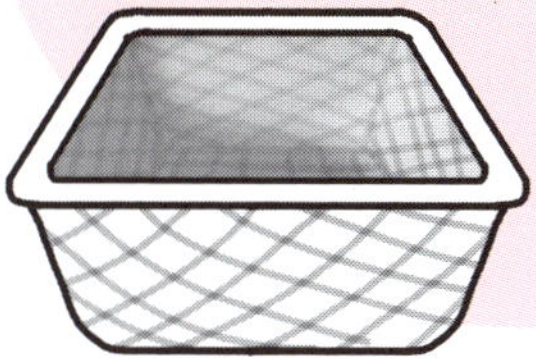

色分けする

　プリント類は、色つきのクリアファイルを利用してもよいでしょう。たとえば、いちばん好きな色は友人関係のもの、２番目に好きな色は子どもの学校関係のものを入れるなど、ルールを決めておきます。さらにラベルを貼っておけばベストです。

ものを直接見えるようにする

　本棚に本をしまうときには、必ず背表紙が見えるようにします。また、片づけにくい小物は透明なケースにまとめて入れたり、バッグの中身もひと目でわかるように入れたりすることが、片づけのコツです。

シールを貼る

　整理だんすの引き出しの段などに、家族それぞれのシールを決めて貼っておくのも楽しい方法です。また、それぞれのマイカラーを決めて、カラーテープなどを利用するのもよいでしょう。

毎日のもの探しのムダとイライラをなくす

本書を読んだらすぐに、やっておきたいことがあります。しょっちゅう探しているものの定位置を決めること。これらを探すだけで、時間もやる気もなくなってしまうからです。

大事なものの、おすすめの定位置

毎日持って出るのに、探したりなくしたりしたら困る大事なもの。まず、これらの定位置を決めてしまいましょう。

玄関の壁や扉に貼りつける

カギ

使って、１つの動作で置けるところにします。使って、持って歩いて、というのは手間がかかってしまいます。玄関の壁にフックをつけておき、帰宅したらすぐにかけると、１動作です。

冷蔵庫のドアに貼りつける方法も目立ちますが、外出するときに冷蔵庫まで戻らないとなりません。必ず通る玄関なら、１動作。さっと取って使い、バッグにしまうことができます。

玄関の扉の内側に、フックをマグネットで貼りつけてもよい

定位置に戻すにも、カギを持って出るにも１動作ですむ。帰宅したら持ち歩かず、すぐに定位置に

大事なものはまとめておく

いつも持ち歩く大事なものは、たいてい決まっています。カギ、財布、定期券、スマートフォンでしょう。それらはなるべく早く定位置を決めてしまいます。

ただし、スマホは家の中でも使うので、定位置が一ヵ所だと不便です。充電器の上や使う場所など、三ヵ所にするとよいでしょう。

バッグ内に指定席

財布　カギ
定期券　スマホ

バッグ内のポケットやバッグ・イン・バッグなどを利用して、必ず持って出るものの定位置を決めます。それぞれ、どこのポケットに入れるかまで決めておきます。色違いのポケットがついていると便利です。

ポケット内に縦に入れると、上から見て定位置に入っているかどうかが１秒でわかる

カゴに入れて自分の席に置く

財布　定期券
スマホ

帰宅したら、食卓など必ず座る席にカゴを置いて入れます。スーツのポケットなどに入れて持ち歩いている人は、いったんすべて取り出してカゴに入れます。ここでスマホを充電してもよいでしょう。

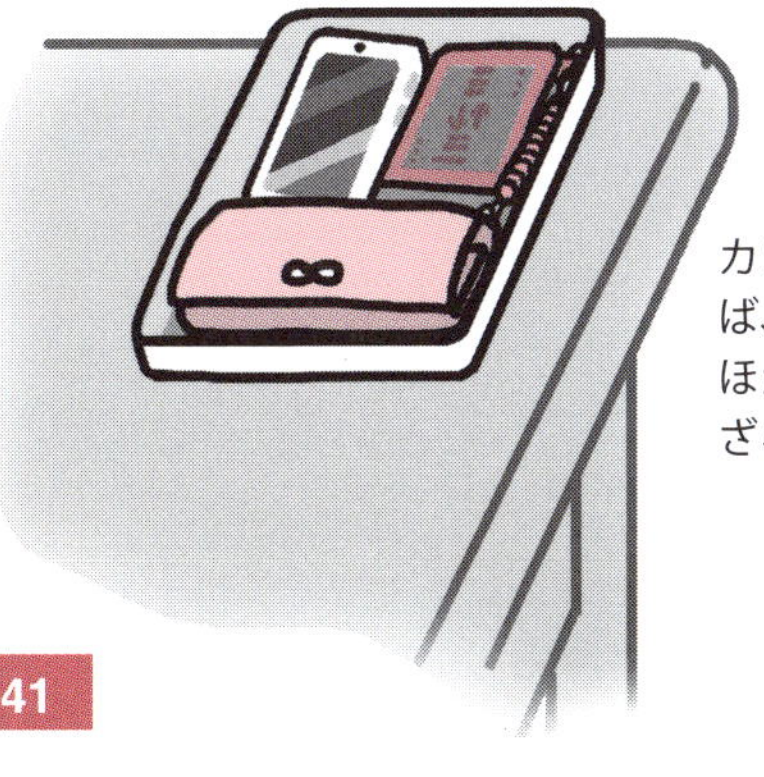

カゴを利用すれば、食卓の上のほかのものと交ざる心配はない

チェーンをつけてバッグにつなぐ

カギ　定期券

日によってバッグを替えない人には確実な方法

バッグの取っ手につけっぱなしにしておくのもよいでしょう。いつも同じバッグを使っている人には、便利な方法です。

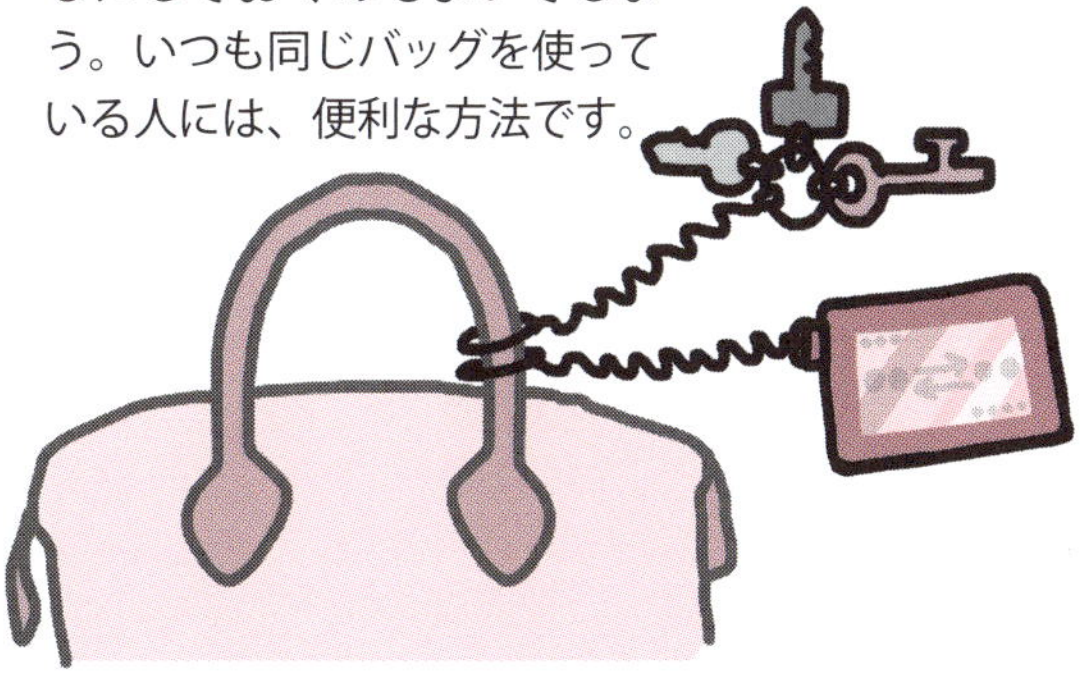

続けるコツ

がんばりすぎず七五点を目指せばよい

片づけは継続してこそ意味があります。「さあ、やるぞ」と張りきるのはよいのですが、完璧にやろうとしないでください。できなかったときに落ち込み、次のやる気がなくなってしまいます。

細かく決めず「ざっくり」片づける

「散らかった部屋とは今日で決別だ」というのはおすすめできません。途中で気が散って、中途半端になりかねません。また、ＡＤＨＤがあると熱中して止まらなくなる人も。深夜まで片づけつづけて翌日に支障が出たり、疲れきってヘトヘトになったりします。

細かいルールを決めて完璧にこなそうとするのではなく、ざっくりでよいから少しずつ片づけていくこと。ざっくりでも、片づけは片づけ。完璧にやろうとしてできない自分を責めるのではなく、七五点を目指して、できた自分に自信をもつことが継続のコツです。

100点でなくてよい

片づけは100点を目指す必要はありません。ＡＤＨＤのない人でも、何もかも完璧に片づけるのは無理な話です。上手に手抜きをして75点くらいを目指しましょう。

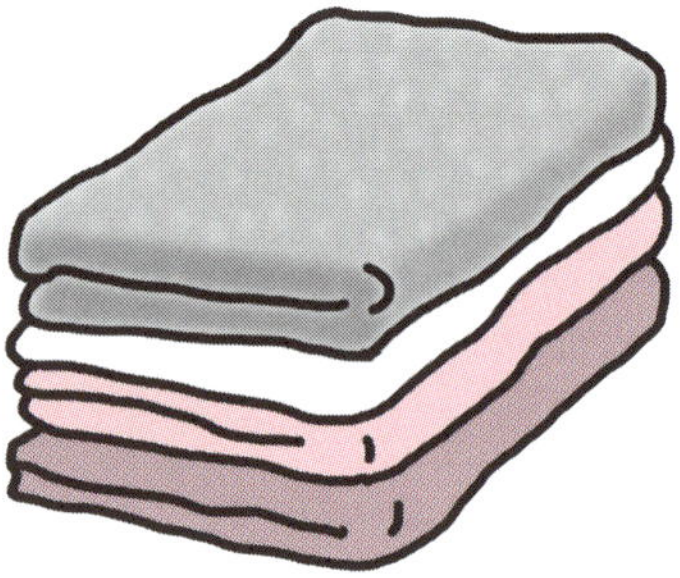

タオルをたたむならざっくりと。むしろ、たたまなくてもよいぐらい

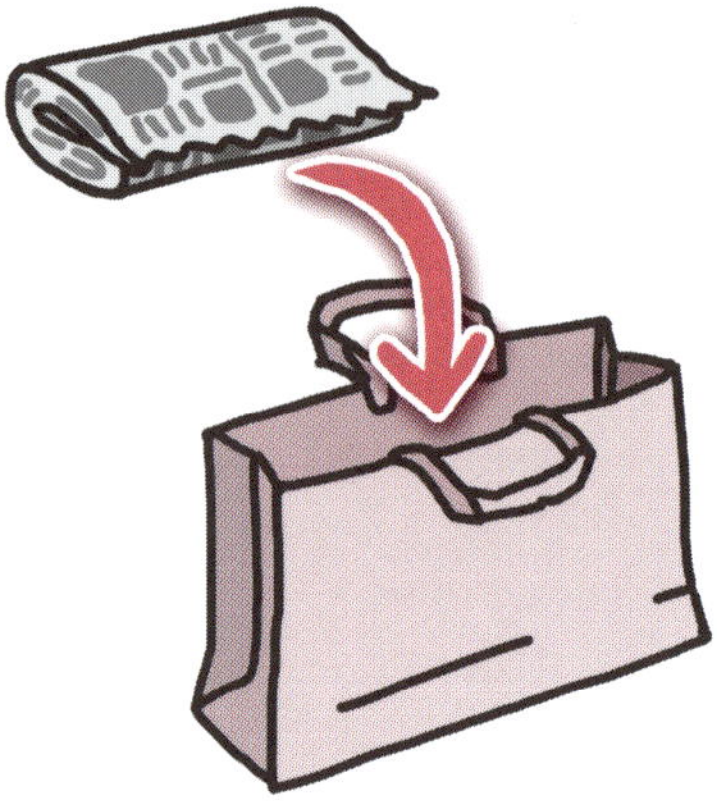

新聞や雑誌をひもで束ねるのはめんどう。紙袋に入れてゴミに出してもよい

食器は種類別に重ねなくてもよい。ひっくり返らなければよしとして、食器棚にしまう

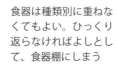

ざっくりでよい

自分の気持ちの負担にならないように片づけましょう。目指すのはベストではなく、ベター。手抜きも１つの片づけテクニックと考えればよいのです。

服を脱いだら

まだ洗わないもの
カゴなど、「一度着たもの」の定位置に入れる

これで洗うもの
「洗濯するもの」の定位置もカゴ。すぐに入れる

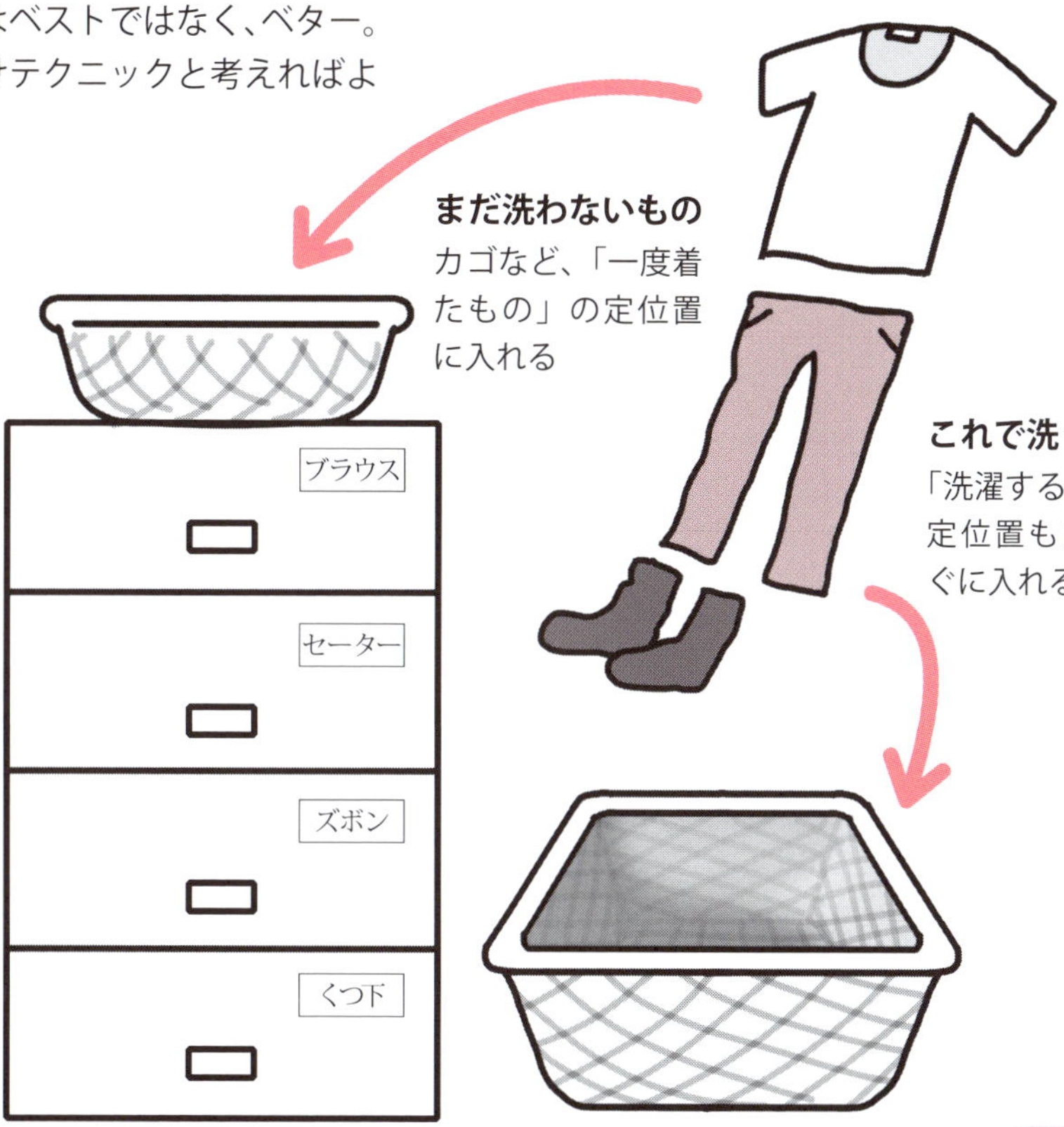

カゴを利用する
ふたがなく、出し入れしやすい

上に着るもの（ブラウス、セーターなど）

下に着るもの（ズボン、くつ下など）

おおよそ決めておく
細かく決めない

中の入れ方まで細かく決めない

片づけの本などを見ると、「下着は丸めて縦に並べるときれい」などとしまい方が書いてあるけれど、そんなに完璧を目指さなくてよい。決めた引き出しに、決めたものが入っていればＯＫ

見た目をきれいにする
床に置かない

洗濯機に直接入れてしまっても

洗濯するものの定位置を洗濯機の中にしてもよい。ある程度たまったら洗濯スタート

自分をほめて片づけを楽しみに変える

おっくうに思っていた片づけも、「楽しい」と思えたらしめたものです。「できた自分」にごほうびをあげ、ほめてあげましょう。楽しくできるような演出も考えてみましょう。

休憩時間にごほうび

15 分間の片づけの後に、自分にごほうびをあげるのもよい方法です。自分をほめる言葉を声に出して言ったり、好きなアロマをたいたり。気持ちよくなれば、片づけが楽しくなります。

10 分間休憩 ← **15 分間片づけ**

自分にごほうび

1 言葉で

頭の中で思うのではなく、声に出します。

- すごーい
- がんばったなぁ
- やればできるじゃない

2 香りで

好きな香りはなんですか？休憩時間のリラックスも兼ねて、アロマを楽しみましょう。

ポイント制のごほうび

「〜をやったら１ポイント」というように、ポイント制にするのもよい方法。自分でポイントカードをつくり、ポイントがたまったら、自分にごほうびをあげましょう。

１日３個で１ポイント

ものを減らしたいなら、１日３個捨てるのを目標にして、達成したらシールを貼ろう

ポイントカードはなくさないように定位置を決めておこう

シールがたまったら、ケーキなどのごほうびを

ごほうびを用意するのも有効

人に命令されたり、「ねばならない」という義務感からスタートしたものは、なかなかやる気が起きませんが、自分から「やりたい！」という気持ちになれば続けられるものです。

その気持ちを継続させるには、小さなことでも達成したら、自分をちゃんとほめること。具体的なごほうびを決めて、それを目標にすると楽しく続けられます。

注意！

ごほうびは「残らないもの」に

ごほうびは、自分が好きなもの、うれしいと感じるものでよいのですが、ケーキなどのごちそうや映画鑑賞など、残らないものにします。服や食器などは散らかる原因になるので、ごほうびとしては避けましょう。

写真を撮ろう

片づけの前後でどれだけ部屋が変化したか、写真を撮って確認するのはよい方法。少ししか片づかなくても、格段にきれいになっても、「これだけできた」と自分を励ますことができます。

片づけ前

やる気スイッチが入ることも

散らかっている部屋を写真に撮ると客観的に見ることができる。「今日はここを片づけるぞ」と、目標を明確にすることもできる

片づけ中

残りを見ない

片づけの途中で写真を撮ってもよいが、「まだこんなに片づけるものが残っている」という見方はやめよう。片づいた部分に注目しよう

片づけ後

次回からの目標に

きれいに片づいた部屋の写真は、自分の成果。それを見れば「やればできる」と自信がわいてくる。この状態を維持することが、次回からの目標になる

Column

ものを増やさないことも考えよう

衝動買いに要注意

部屋を片づけるには、いらないものを減らすことが鉄則ですが、同時にものを増やさないようにすることも大切です。

ＡＤＨＤのある人が陥りがちなのは、衝動買いのわな。「特売」「セール」などの文字を見たり、好みのものを見つけたりすると、買いたいという衝動を抑えられなくなります。

これはＡＤＨＤの特性のひとつ「衝動性」のため。この特性が強く出ていない人もいますが、ほかの特性である「不注意」が強く出ている人も、家にあるのを忘れて同じものを買ってしまうことがあるので注意が必要です。

買い物をするときには、本当に必要なものかどうか、買う前によく考えましょう。どうしてもほしいときには、ものを一つ捨ててから買うように心がけます。

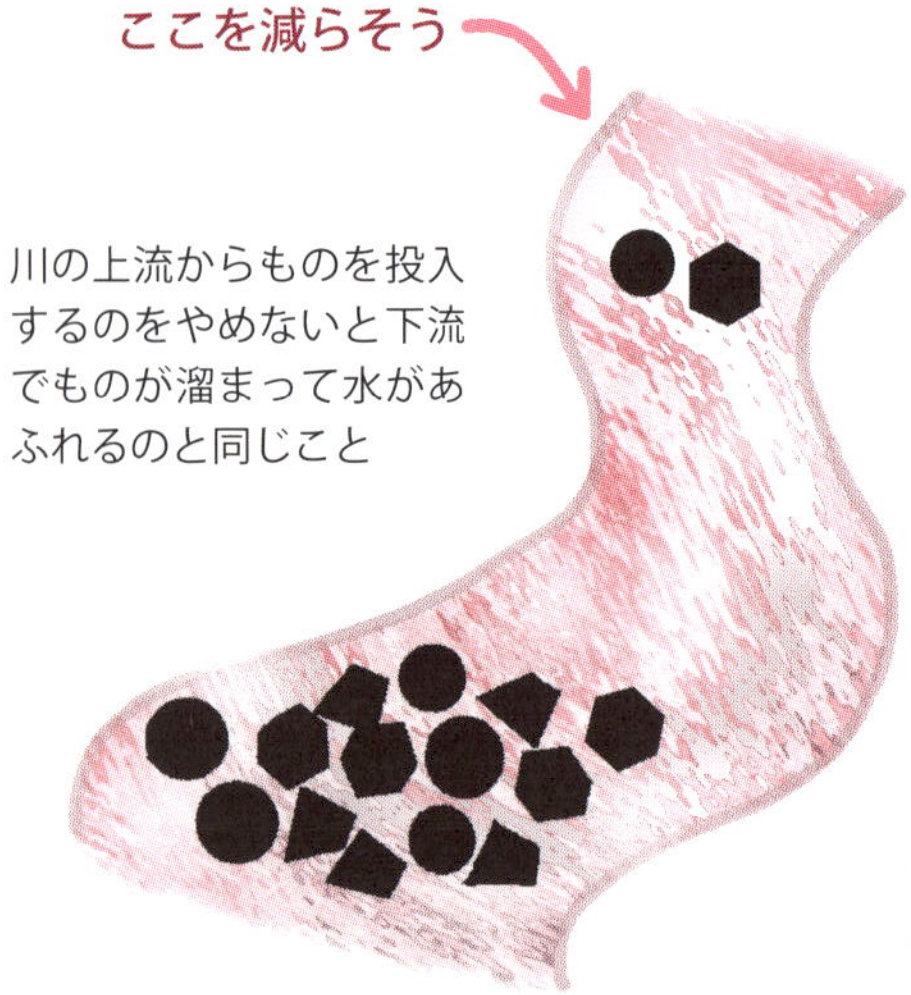
ここを減らそう
川の上流からものを投入するのをやめないと下流でものが溜まって水があふれるのと同じこと

注意ポイント

- 欲しい！　で買わない
- 特売、セールにつられない
- クレジットカードはなるべく使わない
- インターネットで気軽に注文しない
- １つ捨ててから１つ買う

3 アイテム別
―まず、散らかっているものを集める

財布やカギ、スマホなど、大事なものの置き場所は決めましたか？

では、本格的な片づけを始めます。

散らかった部屋の片づけは、まず、目立つものを集めることから。

これだけでも、格段にスッキリするはずです。

ものを手にとったら、思い出や感慨にふけらず、

機械的に「使う・使わない」を分けていきます。15分間集中しましょう。

「集める」「分ける」「しまう」の順番で

家じゅうに散らかっているものを1アイテムずつ片づけていきましょう。まずは、集めることから。山ができたら、使う・使わないで分け、さらに用途や種類別に分け、定位置にしまいます。

中身が入ったままだったり、空だったり。レジ袋が何枚も散らかっていないだろうか

ものの片づけの順番

散らかっているもののなかから、目立つものや処理を急ぐものを1アイテムずつ集め、分け、しまいます。1回15分間でどこまでできるかは、片づけるものの量によります。

1 集める

1アイテムずつ

今日は何をターゲットにするか決め、部屋のすみなど1ヵ所に集めます。集めてみれば、同じものがいくつもあることがわかります。無駄な買い物をしていたことに気づくかもしれません。

お菓子

脱いだ服

プリント

空き箱

マンガ

筆記具

こういったものが散らかりやすい。今日はどれを片づける？

今日はペットボトル集め、と決めたら、ほかのものには目もくれず、ひたすらペットボトルを集めよう

家じゅうに散らかっている1アイテムずつ集める

　片づけの順番は「分ける」「減らす」「しまう」が一般的なようです。しかし、ADHDの場合、最初は「集める」です。部屋じゅうに散らかっているもののなかから1アイテムを集めて、「使う・使わない」「洗う・洗わない」などで分け、定位置にしまいます。

　一五分間でできることを考え、無理をしないように。続けることが大切だからです。「集める」「分ける」「しまう」の順番をくり返し、徐々に片づけていきましょう。

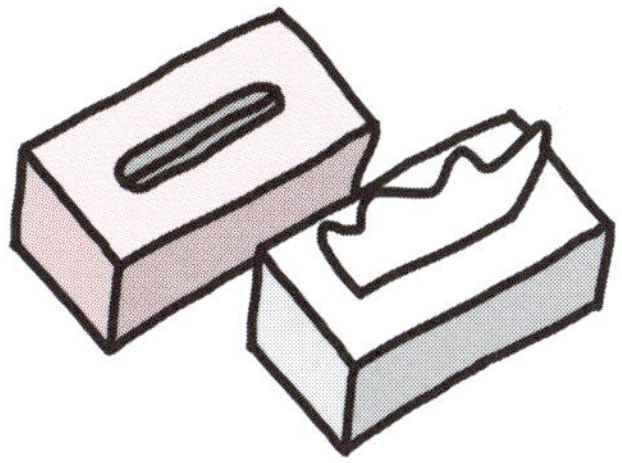

使い切ったティッシュの箱はゴミ。「使わない」ものなので捨てる

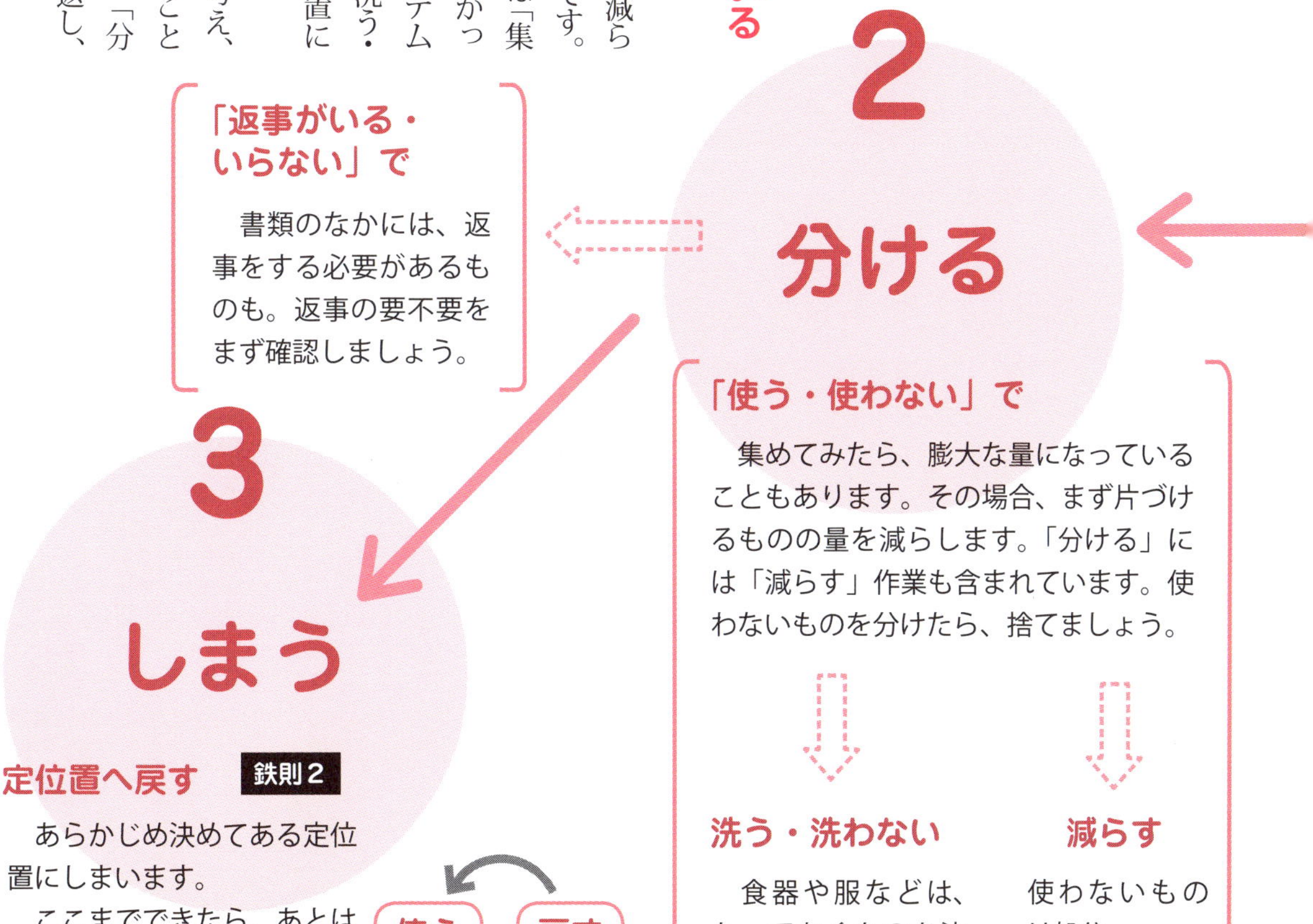

「返事がいる・いらない」で

　書類のなかには、返事をする必要があるものも。返事の要不要をまず確認しましょう。

「使う・使わない」で

　集めてみたら、膨大な量になっていることもあります。その場合、まず片づけるものの量を減らします。「分ける」には「減らす」作業も含まれています。使わないものを分けたら、捨てましょう。

洗う・洗わない

　食器や服などは、とっておくものを決めたら、次に洗うかどうかで分けます。

減らす

使わないものは処分。

鉄則1

定位置へ戻す　**鉄則2**

　あらかじめ決めてある定位置にしまいます。

　ここまでできたら、あとは日常的に「使う」「戻す」をくり返します。片づけの悩みから解放されるでしょう。

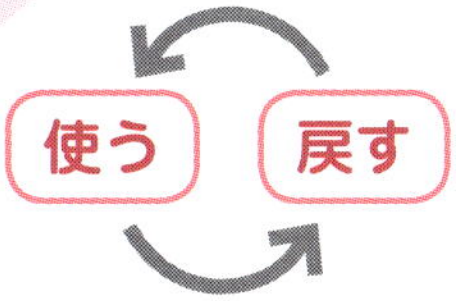

すぐに片づけて異臭やゴキブリを防ぐ

ポテトチップスの袋は口が開いたまま置きっぱなし。クッキーは箱のふたを開けて床の上。それでまた食べる気が起きますか？

食べ物の片づけ

部屋のあちこちに置いてある食べ物を片づけます。まず、1ヵ所に集めて、食べるかどうかで分け、食べるものをしまいます。ここまでを1回ですませたいので、飲み物関係は翌日にするなど、15分間でできる量を考えてから始めましょう。

1　調理台に集める

キッチンの調理台にスペースをつくり、そこに食べ物関係のものを集めます。調理台がいっぱいなら、テーブルの上でもかまいません。

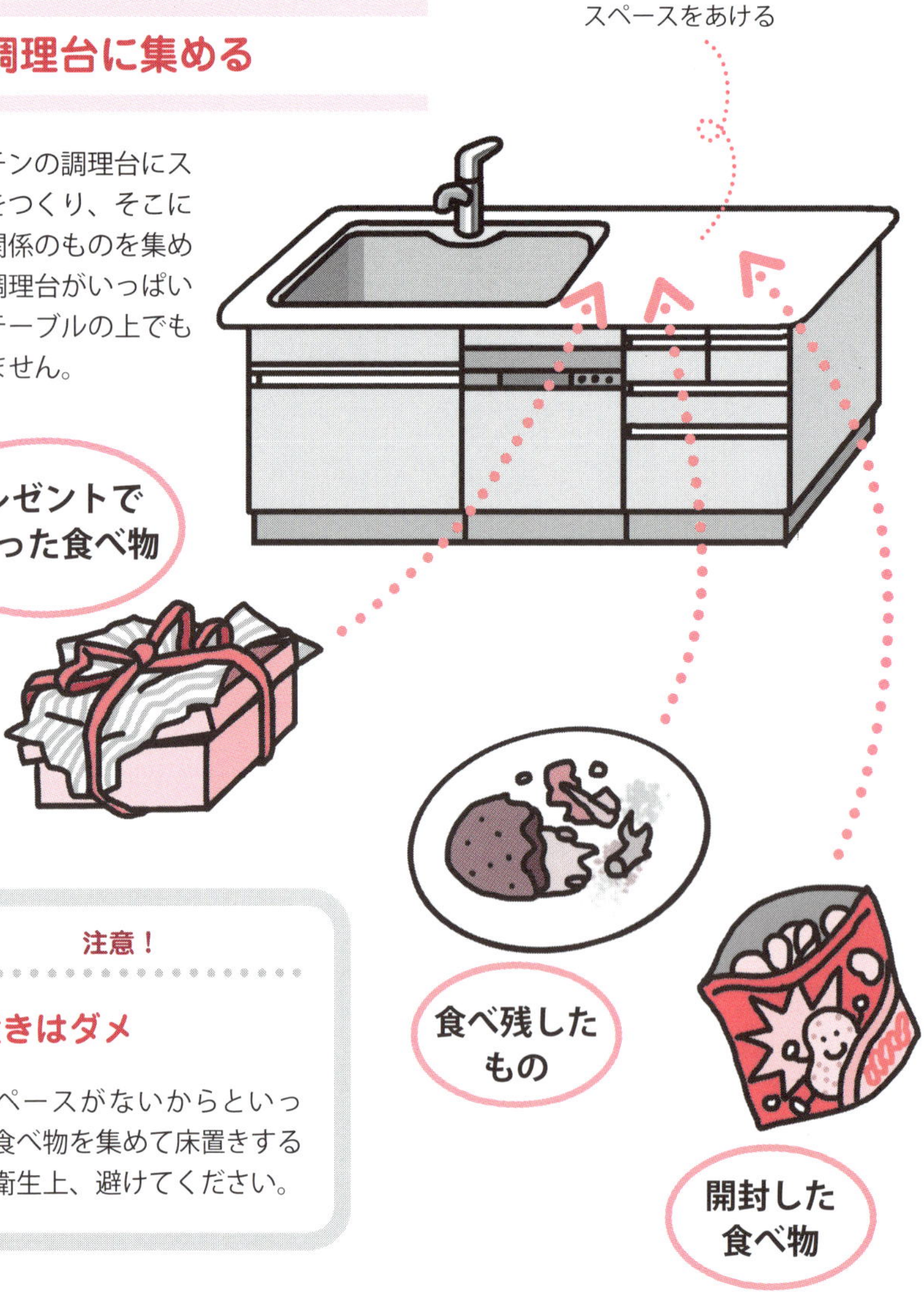
スペースをあける
プレゼントでもらった食べ物
食べ残したもの
開封した食べ物

注意！

床置きはダメ

スペースがないからといって、食べ物を集めて床置きするのは衛生上、避けてください。

2 食べるかどうかで分ける

集めた食べ物は、「食べる・食べない」で、どんどん分けていきます。食べられるかどうかで分けると、嫌いな食べ物をいつまでもとっておくことになります。「食べられるけれど食べないもの」は、罪悪感とともに捨てましょう。

食べるもの

- 消費期限内のもの（賞味期限を過ぎていても、食べられる）
- 食べ残しても、次にまた食べるもの
- 開封してあっても湿気ったり、ゴミが混ざったりしていないもの

など

→ しまう

食べないもの

- 消費期限を過ぎたもの
- 嫌いだから食べ残したもの
- 湿気ったり、ゴミが混ざったりしたもの

など

→ 捨てる

アドバイス！

おやつ類の置き場所を決めておこう

お菓子やデザートは、食器棚の手前のカゴなど、定位置を決めておきましょう。要冷蔵品用に冷蔵庫内にも収納段を決めておきます。ストックがわかり、買いすぎも防げます。

3 しまう

開封した袋は輪ゴムなどで口を閉じます。食べ残したものでまた食べるものには皿にラップをかけるか、密閉容器に移します。プレゼントのお菓子などは、包装をはずして、すぐに食べられるようにしておきます。

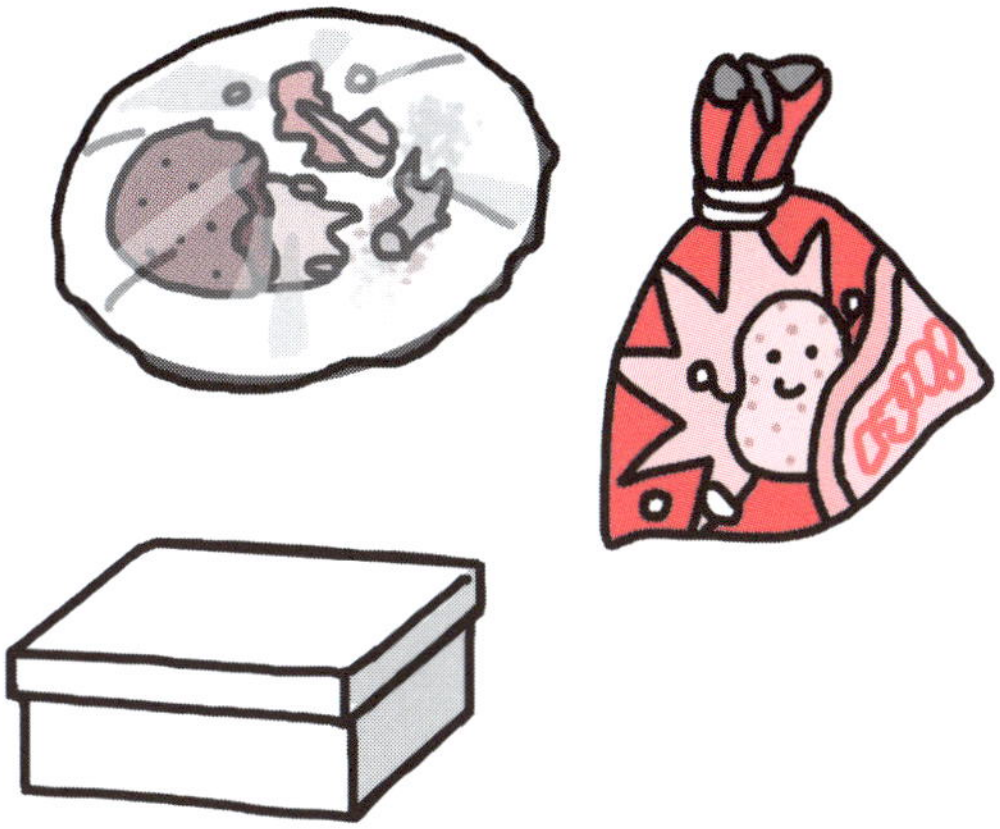

飲み物の片づけは 52 ページ、
食器の片づけは 54 ページ参照

食べ物を集めるのが最優先

使った食器や食べかけのお菓子などを放置していませんか。時間がたてば、腐ったり、カビが生えたりしてきます。異臭のもとになり、衛生的にもよくありません。ゴキブリも寄ってくるでしょう。食べ物を粗末にすることにもなります。

集めるもののトップは、食べ物関係です。

ペットボトル・缶・びんの片づけ

飲み物関係を集めます。飲み物が入っていた容器によっては、残量がわからないので、片づける際にこぼしたりしないよう、注意します。中身を処分したら、容器を処分。とっておくものはしまいます。

1 流しに集める

あちこちに置いてある飲み物の容器を拾い集めて、流しにためていきます。調理台に集めてもよいでしょう。次にゆすぐことを考えたら、集めるのはテーブルの上ではないほうが、作業がはかどります。

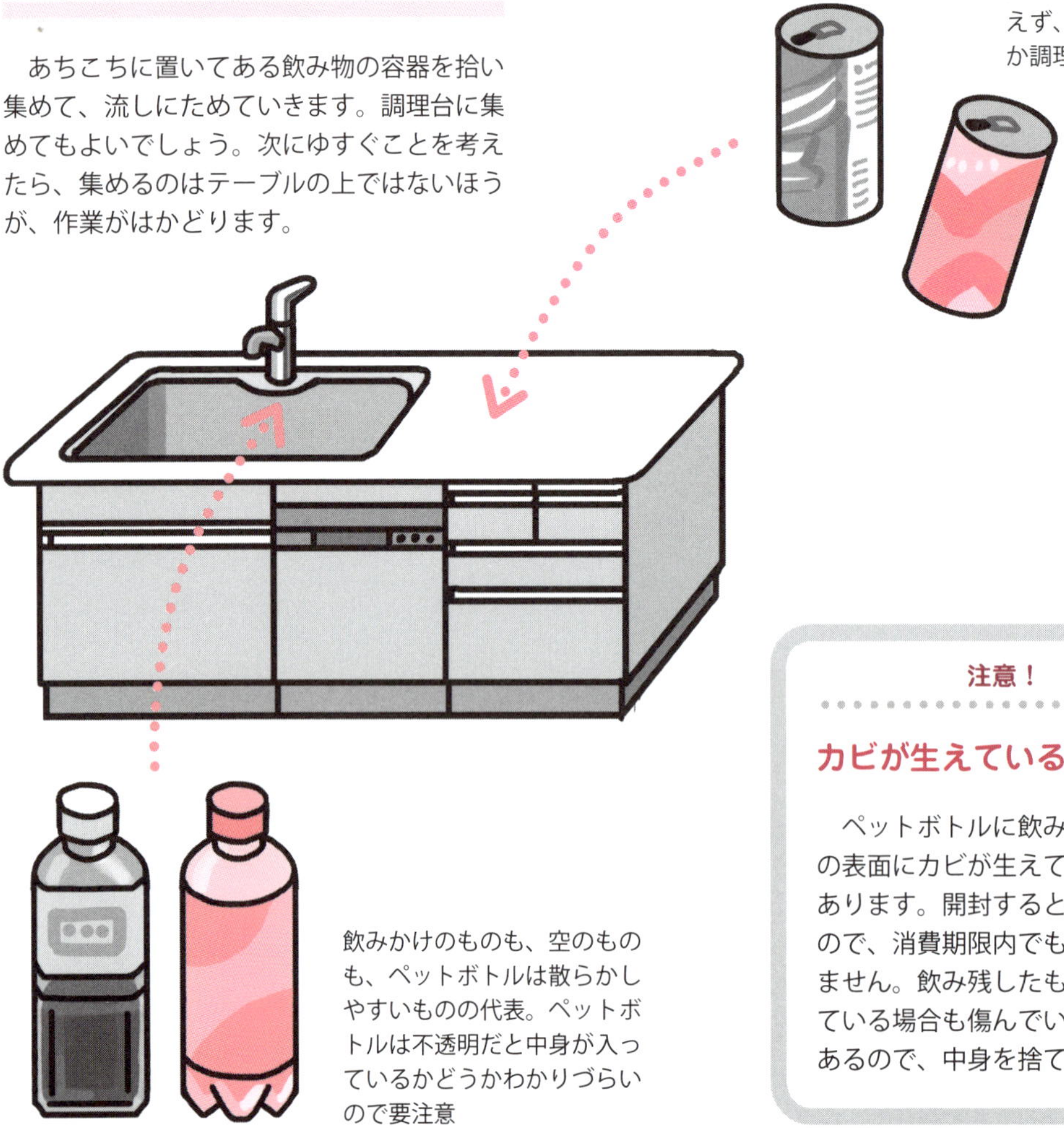

栓を開けた缶も、開けていない缶も、この段階では分けることは考えず、同じように流しか調理台に集める

飲みかけのものも、空のものも、ペットボトルは散らかしやすいものの代表。ペットボトルは不透明だと中身が入っているかどうかわかりづらいので要注意

注意！

カビが生えていることも

ペットボトルに飲み残した液体の表面にカビが生えていることもあります。開封すると傷みやすいので、消費期限内でも油断はできません。飲み残したものが変色している場合も傷んでいる危険性があるので、中身を捨てます。

2 飲むかどうかで分ける

飲むかどうかで分けます。飲みかけにしたら、その飲み残しをまた次に飲むかどうか考えてみます。飲みそうもないなら、躊躇せずにすぐに捨てましょう。

飲むもの

- まだ開けていないもの
- 飲み残しをまだ飲むもの

など

→ しまう

飲まないもの

- 飲みかけで、もう飲まないもの
- 未開封でも、要冷蔵なのに常温で放置していたもの
- 好みに合わないもの

など

↓

中身を捨ててざっとゆすぐ

↓

捨て方別に分ける

ペットボトル、缶、びんは、リサイクルゴミとして、捨て方が決まっている地域が多い。あるいは、スーパーマーケットなどで収集していることもある

↓

捨てる

3 しまう

常温保存で未開封のものは定位置にしまいます。要冷蔵のものは冷蔵庫に。開封した飲み物は、開封前が常温保存可でも、冷蔵庫に入れて、早めに飲んでしまいましょう。

ざっと洗って分別して捨てる

食べ物関係を片づけたら、なるべく早めに飲み物関係も片づけましょう。容器に残っていたら、異臭のもとになります。飲み残したまま床に置いてあると、倒れて周囲を汚す危険性もあります。

中身を捨てたら、容器に水を入れてざっとゆすぎ、地域のルールに従って容器を捨てましょう。

アドバイス！

ゴミの捨て方がひと目でわかるように

自治体の清掃局から配られることもある

飲み物関係を片づけるのがめんどうと思う一因に、捨て方がわからない、ということもあります。容器の捨て方を紙に書いて、冷蔵庫のドアなどに貼っておくと、捨てやすくなります。

食器・調理器具の片づけ

テーブルの上の食器、調理に使ったなべなどを、流しに集めます。汚れのとりやすいもの、とりにくいものに分けてから洗います。できればすぐに、ふいて定位置にしまいます。余裕があれば、流しも洗いましょう。

1 流しに集める

食事や調理に使った食器や調理器具を流しに集めていきます。大きなものは作業の邪魔になるので一時的に調理台に置いてもよいでしょう。ただし、汚れのこびりついたものは、水か湯につけてしばらくおきます。

食器や箸などは、食事がすんだら流しに集める。油のついた食器は洗い桶に入れると食器全体に油がつくので、入れないほうが楽

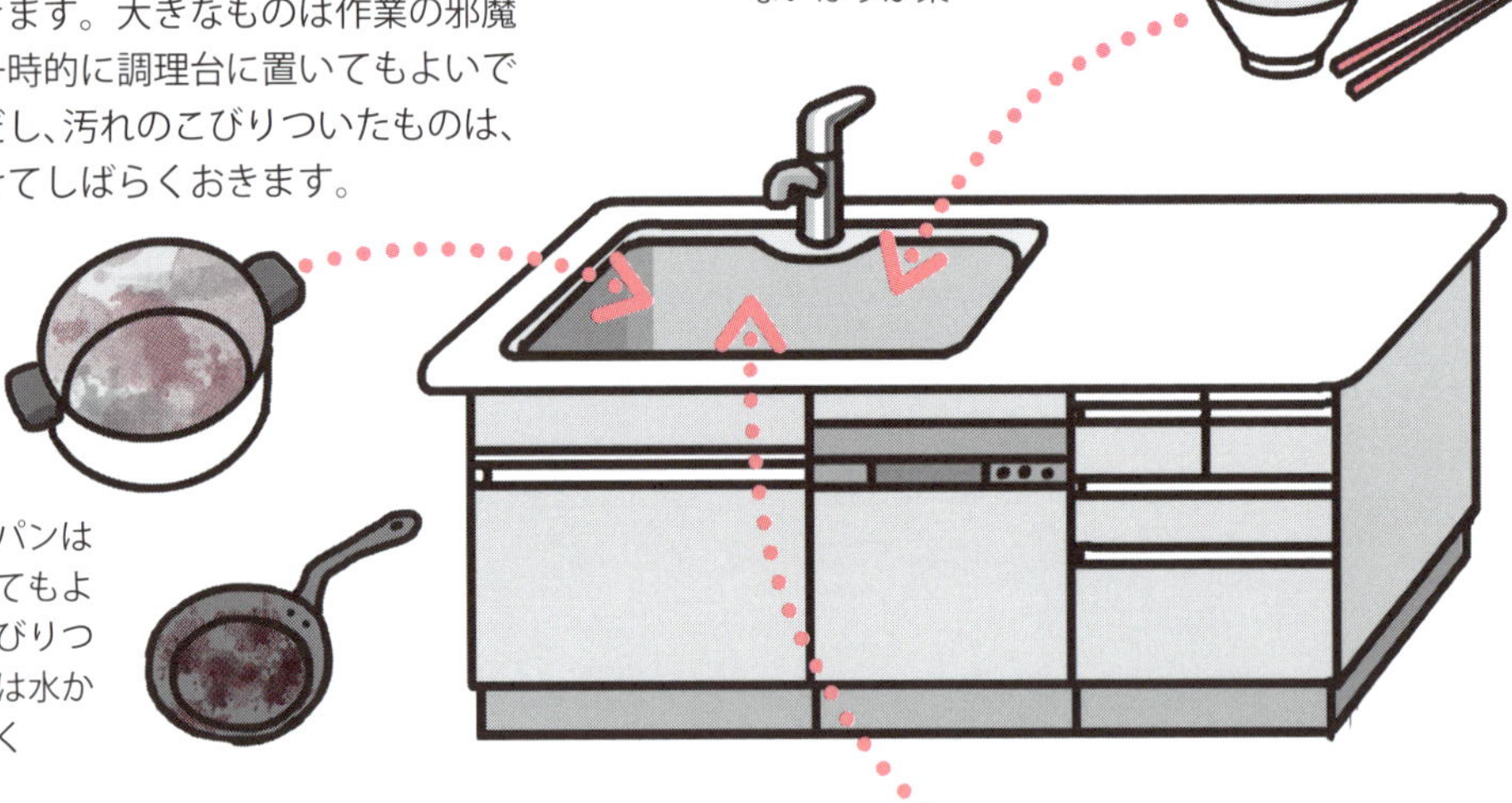

なべ、フライパンは調理台に置いてもよい。汚れがこびりついている場合は水か湯につけておく

まな板、包丁は、調理台に置いてもよい。最初に洗って、ふき、定位置にしまう

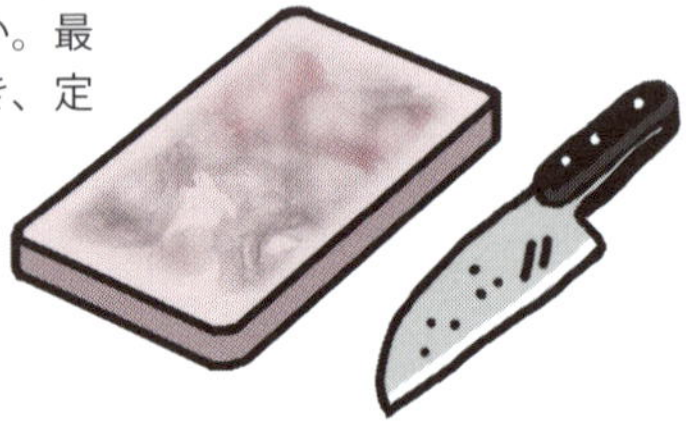

お茶を飲んだり、おやつを食べたりしたところに、食器が置きっぱなしになっていないか要チェック

結局いつかは片づけないとならない

食器や調理器具の片づけは毎日のこと。先送りしていても、結局いつかはやらないとならないのです。だったら、すぐにやるほうがよいでしょう。食事がすんだら、片づけはじめましょう。

毎日やると手際がよくなってくるので、日常的に簡単に片づけられるようになります。夕飯の後片づけもその日のうちにすみ、気分よく過ごせるでしょう。

注意！

その前に水切りカゴを片づけて

食器を洗う前に、水切りカゴを見てください。前回の食器が残っていませんか。時間がたって乾いていれば、ふく手間は省けるので、どんどんしまって、水切りカゴを空にしてから、今回の食器を洗いましょう。

2 汚れの程度で分ける

流しに集めたら、洗う手間を考えて、汚れのとりやすさによって分けます。汚れの少ない、小さめのものから洗うのがコツです。なべやフライパンなど大きなものは最後に洗います。

汚れのとりやすいもの

- 小さめの食器
- まな板、包丁
- 油を使わずに調理したなべ類　など

→ 先に洗う

汚れのとりにくいもの

- ご飯茶碗
- 大きなもの
- 焦がしたり、汚れがこびりついたりした、なべ類やフライパン　など

→ 水か湯につける

→ 洗う

3 しまう

洗ったら、ふいて、決めた場所にしまいます。水切りカゴがいっぱいになっても、とりあえず洗ったものをどこかに置いたりしないこと。洗った食器は水切りカゴが定位置です。カゴの中の食器をふきんでふいて、カゴを空にしてから、また洗いはじめましょう。

アドバイス！

洗剤なしで洗えるものもたくさんある

食器や調理器具の全部に洗剤をつけて洗うのは、自分で手間を増やしているようなもの。油汚れがないものは、水か湯で洗うだけでよいのです。また、アクリルたわしを使えば、油を吸着するので、フライパンでも洗剤はいりません。

アドバイス！

食洗機を使おう

食洗機があると、食器や調理器具の片づけが心の重荷になりません。片づけが苦手な人は、便利な家電を使うことをおすすめします。

「たたむ」より「つるす」が簡単

洗濯して取り込んだもの、家に帰ってきて脱いだもの……。服は散らかりやすいものの代表です。たたむのがめんどうなら、ハンガーにつるしましょう。しわになるのも防げます。

1ヵ所に集める

シャツ、スカート、くつ下など、部屋じゅうにある服を集めます。部屋のすみなど集積場所を決めて山をつくります。

ほかの部屋にある服も集める
本棚の前に集めることにした
段ボールを横へよけて、服を集めるスペースをつくる
スーツケースの下にも旅行のときの服が
いすの背にあるTシャツも
しわにならないよう床に広げたスカートも
テーブルの下のくつ下も

しまうスペースに服の量が合っていない

いすの背や床、部屋じゅうのあちこちに散乱している服。しまうのが大変という前に、そもそも収納スペースに対して服の量が多すぎないでしょうか。

散らかっている服を集めたら、減らすことから始めます。「着る・着ない」で、どんどん分けていき、着ない服は処分します。

部屋が片づいて、日常的に「着る・戻す」ができてきたら、今度はクローゼットの中を整理しましょう。ハンガーにかけたまま長い間着ていない服を捨てて、クローゼット内に収納スペースをつくります。

「着る・着ない」で分ける

たくさんの服が集まったでしょうから、量を減らします。着る＝とっておくもの、着ない＝捨てるものの２つに分けます。どちらとも決めかねるものは、保留の袋を用意しておき、そこに入れます。

集めた服の山

着る

決められない服

着ない

とっておく服

さらに、「汚れのあり・なし」で分けます。

→ 58 ページ

保留にする

思い出があって「着ない」と言えない服は、大きめの袋（服を入れて処分できる紙袋など）１つ分と量を決めて入れておきます。しばらくして気がすんだらそのまま捨てます。袋には「考え中」などと書いておきます。

捨てる服

- デザインが古くて着られない
- サイズが合わなくなった
- 衝動買いしたが、よく見ると好みではない
- 虫食い、穴などがある
- 古くて黄ばんでいる
- 洗濯しても汚れがとれない　など

収納スペースに余裕ができたら、新しい服を買ってもよいことにしよう

注意！

資源ゴミか可燃ゴミか？

住んでいる地域によって、服はリユースできる資源ゴミになることも。可燃ゴミとは限らないので、確認しておきましょう。

「汚れのあり・なし」でさらに分ける

とっておく服を選《よ》り分けたら、次に汚れの有無で分けます。汚れのないものは、すぐにしまうことができます。一方、汚れのあるものはなるべく早く洗濯しないといけません。自宅で洗えるかどうかでさらに分けていきます。

汚れている

クリーニング店に出す

分ける段階から、持ち運びできる袋に入れていきます。たまったらそのままクリーニング店へ。できれば、15 分間の片づけ後の 10 分休憩の時間に持っていきましょう。

2 日以内に持っていこう

遅くても、2 日以内にクリーニングに出そう

自宅で洗う

洗濯機洗い、手洗いをします。家事のなかでは洗濯が好きな人が多いようなので、ここはスムーズにいくでしょう。

アドバイス！

洗濯機に入れよう

とっておく服を分けたら、その山を持って洗濯機の前に移動し、洗う服はどんどん洗濯機に入れ、スイッチオン。

洗濯機で洗える服を買おう

買うなら洗濯機で洗える服に。買うときに洗濯表示をチェックします。手洗い表示でも、洗濯機で洗えることもあるので、購入時に確認しましょう。

家庭での洗濯ができない表示

→ 61 ページ

汚れていない

今の季節に着ない

散らかっていた服のなかには、前の季節に着たままのものも。しばらく着ないので、しまっておきます。

ハンガーにかける

たたみづらい服などは、ハンガーにかけてクローゼットの奥のほうへ。

衣装ケースにしまう

クローゼットに入りきらないもの、たたみやすいものは、衣装ケースにしまっておきます。

今の季節に着る

昨日脱いだまま置いてあるなど、今の季節に着られる服はハンガーにかけます。家にあるハンガーを1ヵ所に集めておきましょう。

→ 60 ページ

ハンガーにかける

汚れていないか見て、
ＯＫならハンガーにかける

注意！

出し入れのときにチェック

汚れていないと思っても、人から見るとうす汚れていることが少なくありません。服の出し入れをするときに、虫食いや穴などもないか、明るいところでよく見てみます。

汚れているならすぐにきれいにする

とっておく服は、汚れていないかどうかを見ましょう。放置しているうちに汚れていることもあります。分けたらなるべく早く洗いましょう。時間がたつととれなくなる汚れもあるからです。

こうした手入れで服は長持ちします。ものを大切にすることにつながるのです。

すぐに、しまう

　今の季節に着る服や日常的に使う衣類は、取り出しやすく、戻しやすいところにしまいます。しわになっても困らないものは、たんすに。しわになったら困るものはハンガーでつるす収納がおすすめです。

つるす収納

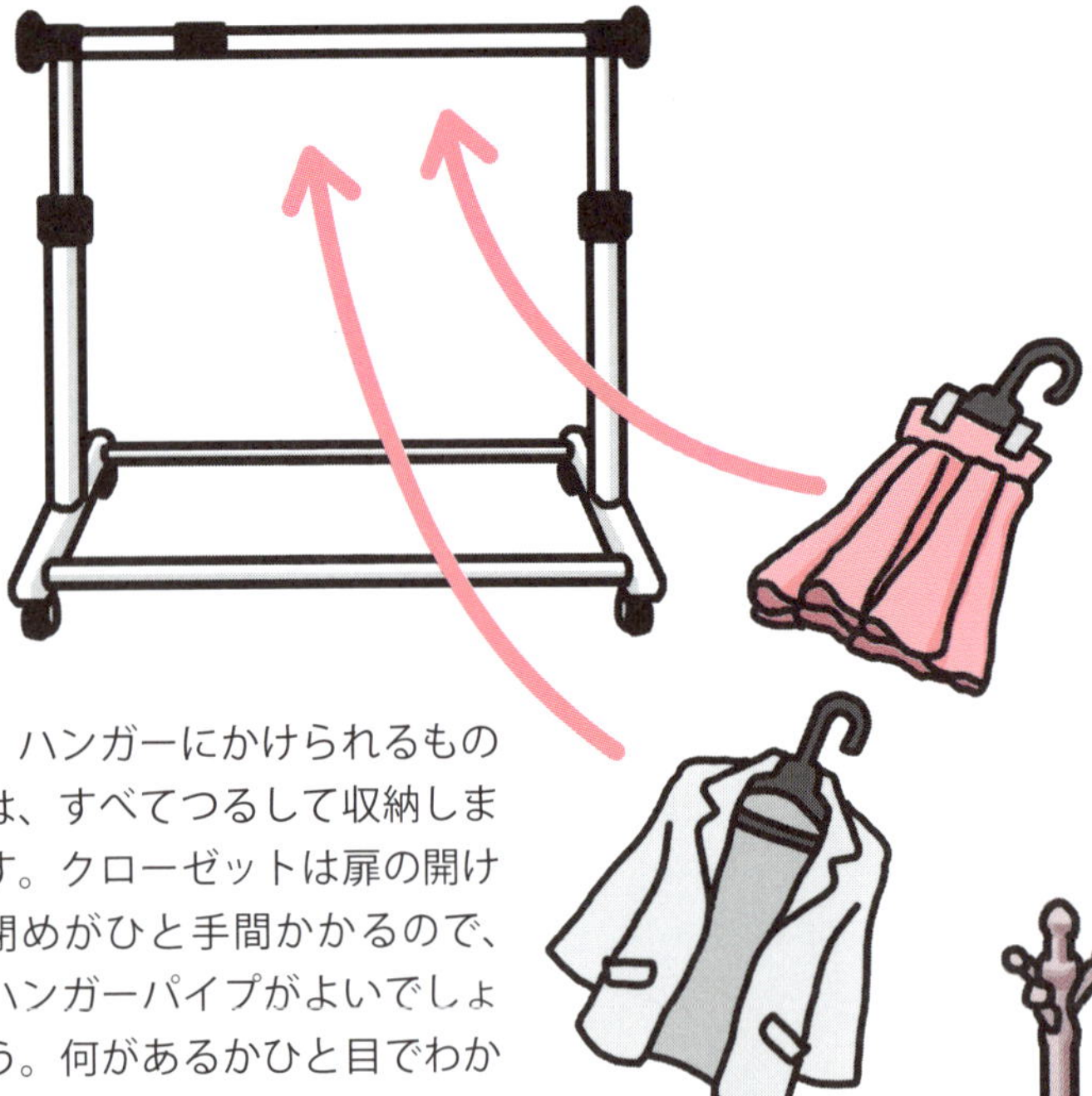

　ハンガーにかけられるものは、すべてつるして収納します。クローゼットは扉の開け閉めがひと手間かかるので、ハンガーパイプがよいでしょう。何があるかひと目でわかるのも利点です。

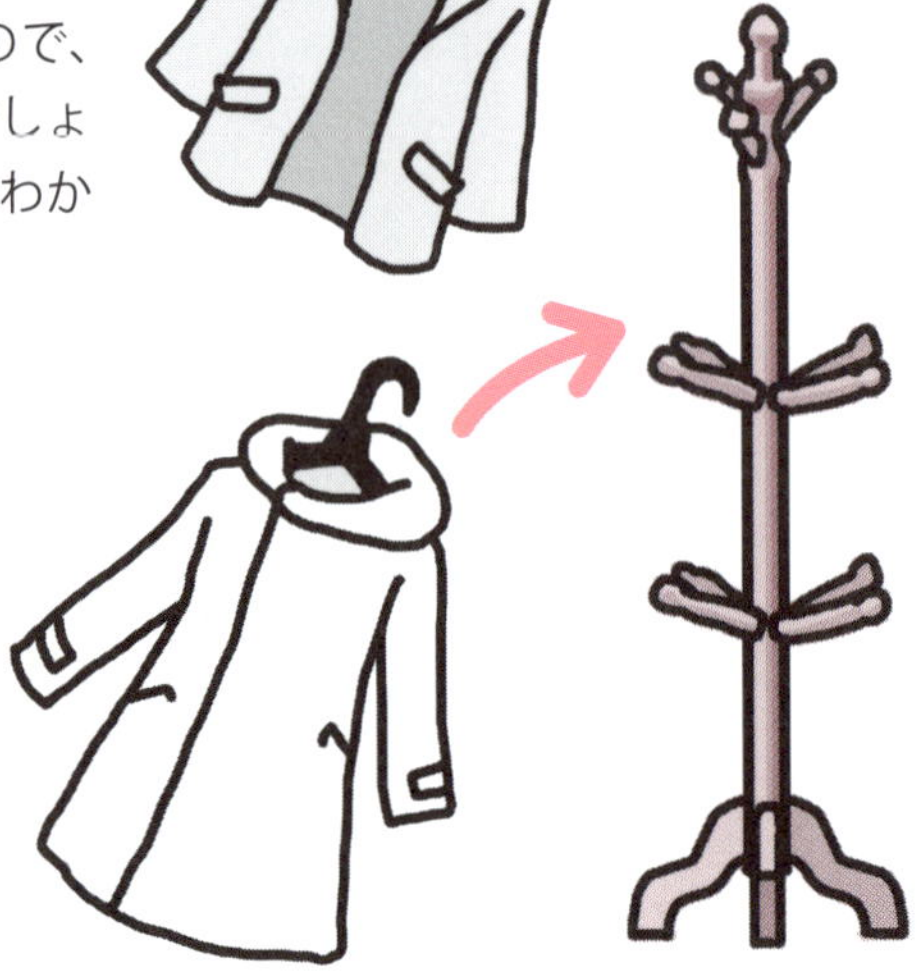

外に着ていくコートは、玄関にハンガーポールを用意しておき、脱いだらすぐにつるす

便利だからといって、ここになんでもつるさないこと

たたまず収納

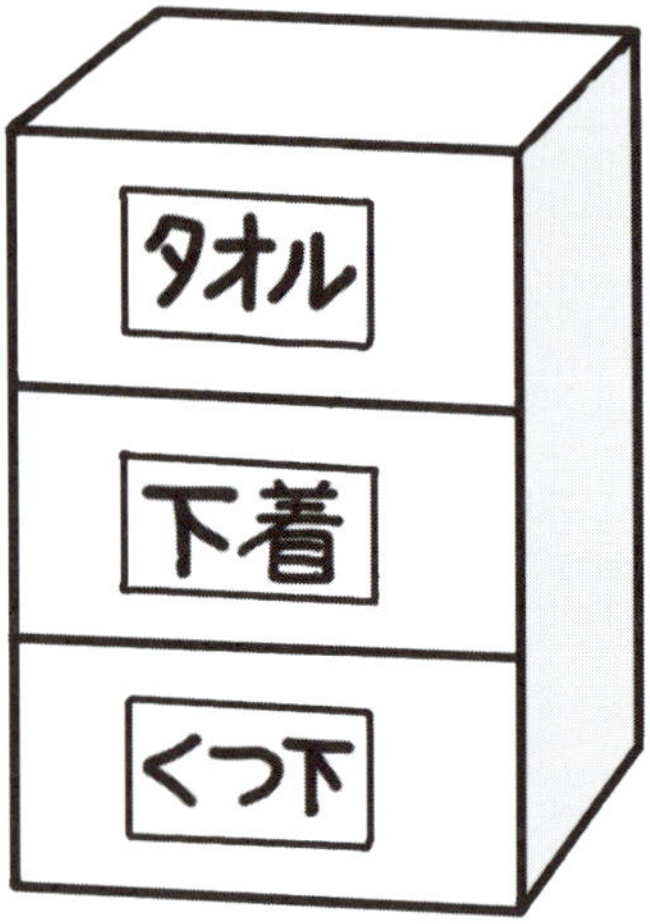

　しわになっても困らないものは、たんすにしまいます。「たたまなくてもかまわない」と割りきって、引き出しにどんどん入れていきましょう。

洗濯して、しまう

汚れている衣類は、しまう前に洗濯をします。ＡＤＨＤのある人の多くが、洗濯物を取り込んだ後の片づけが苦手です。干す段階から、しまいやすいように考えましょう。

アドバイス！

ノーアイロンの服を買おう

アイロンがけはめんどうな作業の１つ。ノーアイロンの服を選んで買うことをおすすめします。

洗う

ハンガーごと干す

ハンガーのまましまう

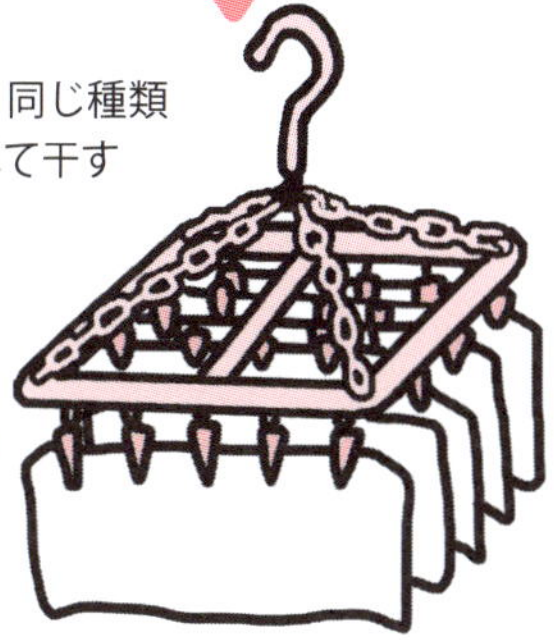

タオルなど、同じ種類のものを並べて干す

たたまずにしまう

タオルなどは、ざっくりたためばよいし、自分で使うならたたまなくてもＯＫ

「たたむ」がめんどうで脱ぎっぱなしに

服を脱ぎっぱなしにする大きな原因が、たたむのがめんどうということではないでしょうか。

ＡＤＨＤのある人は、たたむ収納は避けるほうが無難です。おすすめはハンガーでつるすこと。Ｔシャツでもスカートでも、なんでもつるして収納します。

そのために、まず家じゅうに散っているハンガーを一ヵ所に集めましょう。

Q　一回着ただけの服は？

A　専用のカゴを用意

洗濯したきれいな服と一緒にしまうのに抵抗があるなら、一回着た服専用のカゴを用意して、入れておきます。カゴは部屋のすみやたんすの上など、定位置を決めておきましょう。

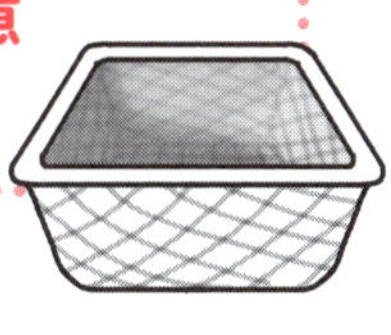

返事が必要かどうかをまず見る

じつは、もっとも片づけが難しいのが書類。分類がわからないうえ、毎日どんどんたまります。

まず、返事をする必要があるかどうかを見ましょう。返事を怠ると人間関係に影響します。

返事の要不要を見ながら集める

家じゅうに散在している書類を１ヵ所に集めたら、「返事がいる・いらない」で分けます。今日受け取った書類も同様にします。

その日受け取った書類

返事が必要かどうかを、すぐに確認します。

家じゅうに散らかった書類

テーブルの上など１ヵ所に集めます。集めるときは、いちいち中を見ないで、どんどん集めます。

返事の要不要を見る

中を見て、「返事（処理）がいるもの」・「返事（処理）がいらないもの」に分けます。

郵便物はまず開けてみる習慣に

処理がいらない

とっておくかどうかで分けます。→ 63 ページ

処理がいる

返事を出すなどの処理をします。控えなどは、とっておくかどうかでさらに分けます。→ 63 ページ

処理に数日かかる書類は、忘れないように冷蔵庫の扉に貼っておくとよい

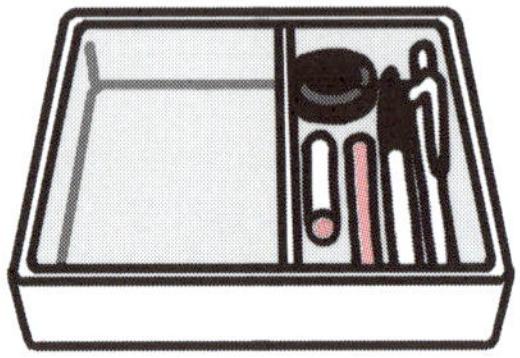

「一時保管箱」に入れてもよい。ペンや印鑑などと一緒にしておくと処理しやすい

4つに分ける

1ヵ所に集めた書類を4つに分けます。Aはひんぱんに変わるものではないので、一度片づけたら後は「使う・戻す」のくり返し。ですから、ふだんはB、C、Dの区別ですみます。

A 特別に大事なもの

好き嫌いでなく、社会人として大事ということ。いざというとき持って逃げるようなもの→ **64ページ**

B 大事だけれど重要度はそれほどでないもの

学校関係のプリント、子どもの通知表、家電の保証書、母子健康手帳、特別な写真、思い出の手紙、賞状、住所録　など→ **65ページ**

C あればよいけれど、なくてもすむもの

今年の年賀状、子どもの絵や作文、気に入った絵葉書、アルバム、子ども時代の文集、おもしろかった映画のパンフレット　など→ **65ページ**

D 捨てるもの

昨年より前の年賀状、いつか見るかもしれない雑誌の切り抜き、行かない店のポイントカード、読み終わったマンガ　など

AからDの区別を日課にしよう

書類は受け取ったら、「とっておく・捨てる」を日常的に判断していかないとなりません。この区別を考えずに、とりあえず全部とっておくことが、書類が散らかる大きな原因です。ところが、ADHDがあるために、この区別がわからない人が多いのです。

書類は、上記のように四つに分けるとよいでしょう。おそらく、あなたはCとDの書類が多すぎるのではないでしょうか。

注意！

住所に注意

書類を捨てるときには、住所が書いてあるかどうかチェックを。住所があれば断裁してから捨てます。

A 2つに分けて、しまう

Aに分けたものは、再発行ができないものや、財産を失うこともあるようなものです。なくすと困るので、きちんとわかるように保管しておきます。

保管のしかたは、よく使うものと、たまにしか使わないものとで、分けておくほうが便利です。

たまにしか使わないもの

例 生命保険・火災保険などの証書、年金手帳、パスポート、家の権利書や賃貸借契約書、実印と印鑑登録証など

取り出すときには、何をいつ取り出したかメモを書いて入れておきます。使った後は必ず箱に戻します。

よく使うもの

例 健康保険証、銀行の通帳、よく行く病院の診察券など

使ったら、なるべく早く箱に戻しておきましょう。

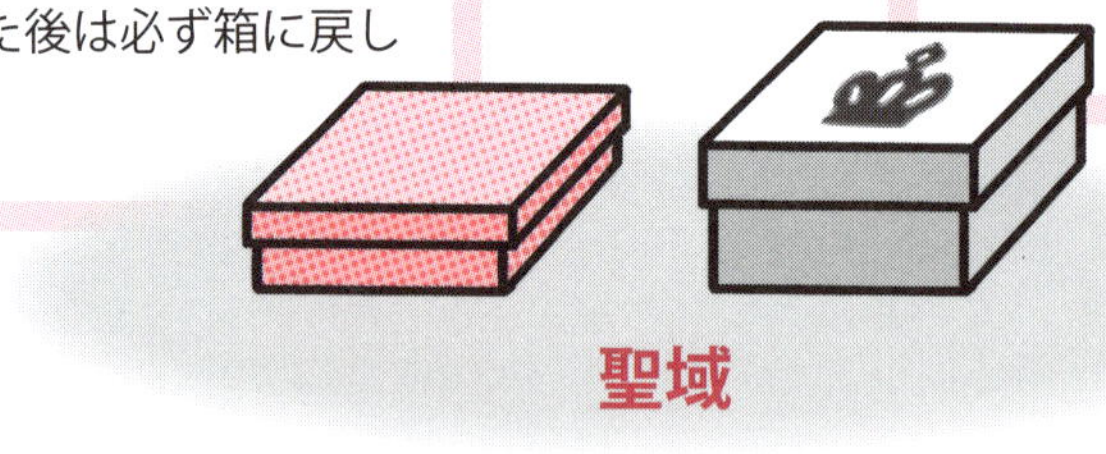

2つの箱は、置き場所を決め、その場所を「聖域」として、ほかに余計なものを置かないようにしよう

注意！

必ずもとに戻すこと

使ったら、すぐに戻しておきましょう。「後で戻せばいいや」と先送りは厳禁。とりあえず置いたところがわからなくなり、なくす原因になりがちです。

アドバイス！

入れたものがわかるように

いったん取り出すと、どちらの箱に入っていたか、わからなくなることもあります。箱のふたの裏に、中に入っているものを書いておくと安心です。

B ラベルをつけて、しまう

Ｂに分けたものは、おそらく量が多いことでしょう。ラベルをつけた引き出しに入れ、用がすんだら処分します。

引き出しは「〇〇関係」などとざっくりした分け方にします。細かく分けると、どの引き出しに入れればよいか迷い、結局、保留にして放置することになりかねません。

ラベルの例

文房具　便箋、切手、封筒
莉子：学校関係（これから必要）
莉子：学校関係（終わったもの）
陽太：学校関係（これから必要）
陽太：学校関係（終わったもの）
塾関係　領収書　住所録、連絡網
車関係　税金関係　年金関係
家電の保証書・説明書
旅行関係（これから必要）　旅行関係（終わったもの）
実家からの連絡関係

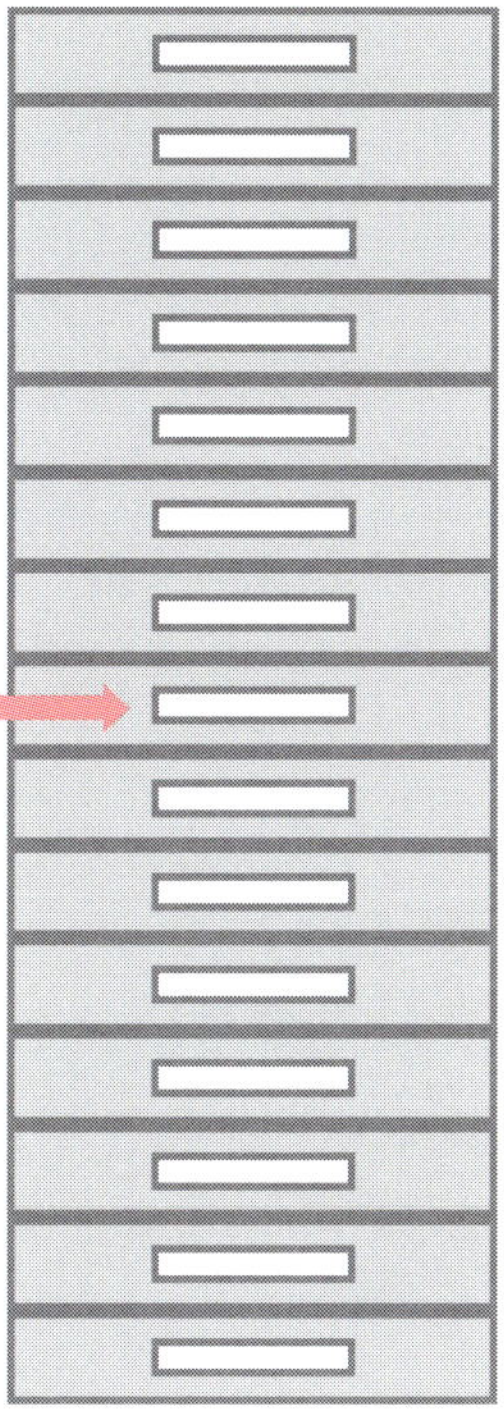

引き出しが20ぐらいある書類入れがおすすめ。ここにＢの書類を分類して入れる

C 保留箱に入れる

Ｃにあたるものは、いったん保留箱に入れます。そのあと、時間のあるときや、箱がいっぱいになったとき、「とっておく・捨てる」の区別をします。ただし、とっておくといってもそのままでは場所をとるので、写真に撮るかスキャンしてデータ化するとよいでしょう。くれぐれも、保留箱じたいの数を増やさないように。

しまいっぱなしにせず時々は入れ替える

Ａに分類した重要な書類は保管しておく必要があります。使ったらもとに戻しましょう。

Ｂのなかには、使ったらもとに戻さず処分してよいものや、保証書のように保管期間が決まっているものもあります。時々は中の書類を取り出して、「とっておく・捨てる」を分けましょう。

Ｃは、保留箱に入れますが、箱がいっぱいになるなどのタイミングで分けて、箱を空にしましょう。

本棚を買う前に量を減らそう

本や雑誌はなかなか捨てられないという人は多いでしょう。量が多すぎて本棚からあふれているのです。収納スペースを増やすより、量を減らすほうが先決です。

1ヵ所に集める

とりあえず本棚に入っているものはそのままにして、家のあちこちに散乱している本と雑誌を、本棚の前など1ヵ所に集めます。

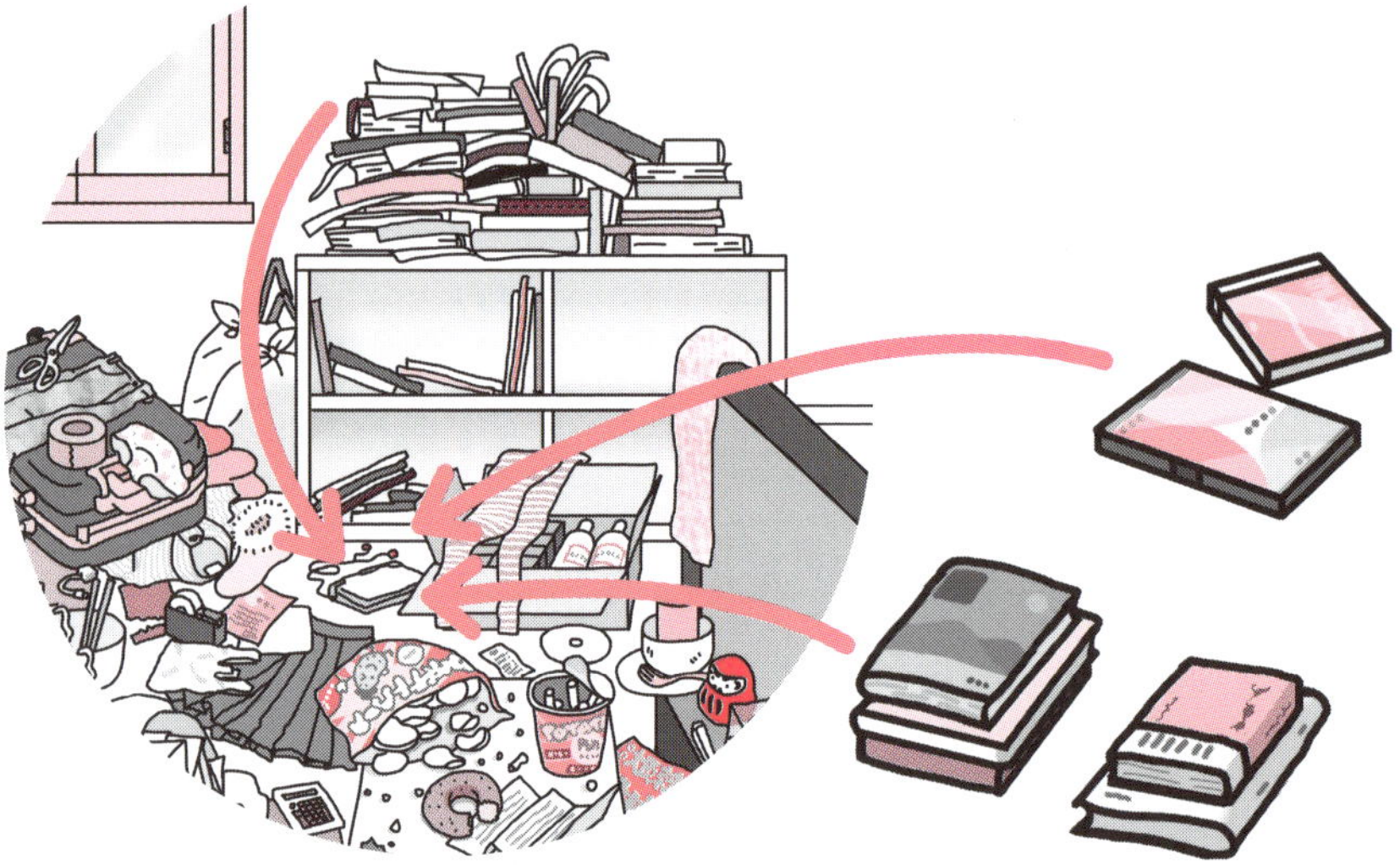

本棚に斜めに入れているとスペースがもったいないし、本や雑誌が曲がって傷む

本棚の上に置いてある本や雑誌は、いったん集める場所にまとめる

これは読まないなと思う本や雑誌も、いったんは1ヵ所に集める

棚に入らないぶんは処分しよう

本や雑誌が捨てられないのは、感動や思い出と一体化しているから。しかし、「ものはもの」と割り切って処分しましょう。本棚を増やせる場所があるならよいのですが、多くの家庭では無理。本の量を減らすしかないのです。

一五分間で処理できるのは、おおよそ二〇冊程度です。一度にすませようとせず、何度かに分けて作業します。なかには捨てるかどうか悩むものもあります。心残りの度合いによって分けておき、気がすんだら処分します。

音楽CDも同様に、もう聴かなくなったものは処分しましょう。

また読むかどうかで分ける

本棚のスペースと、今後また読むかどうかを考えながら、とっておく本・雑誌を決めます。とっておかないものは、処分するようにまとめます。

本棚

今入っているものから、処分するものを抜き出します。

↓

集めたもの

本棚があいたところに何冊入るかを見て、とっておくものを決めます。

処分する

本や雑誌は資源ゴミ。ひもをかけて束ねるのがめんどうなら、新聞紙と同じように（42ページ参照）、紙袋に入れてもかまいません。ただし、重いので、詰め込まないように。**→ 68ページ**

保留

いつまでも悩んでしまいそうなら、保留用の段ボール箱に入れていきます。**→ 69ページ**

とっておく

本棚にあるなかでとっておくと決めたものと、集めた場所から選《よ》り分けたものは、いったん本棚の横などに積み、できれば下記のように２つに分けて入れ直します。**→ 69ページ**

楽しみ用　　**仕事用**

細かく分けず、２分類ぐらいに

注意！

開いて眺めない

どんな内容だったかな、などと本や雑誌は開かないこと。つい読んでしまって作業がストップします。表紙や背表紙を見て、「また読む・読まない」を決めていきましょう。

処分のしかたは2通り

本、雑誌、ＣＤは、捨てることに抵抗感をもつ人も多いでしょう。片づけの気持ちに余裕があるなら、売るために分けてもよいでしょう。

売る

売るものは、すぐに業者に連絡して処分できるよう、段ボールや紙袋にまとめます。ただ、自分では売れると思っても、ほかの人から見ると傷んでいることも。紙が変色したり、表紙が破れたりしているような本は捨てるほうへまわします。

2日以内に
連絡しよう

捨てる

本や雑誌は資源ゴミとして捨てます。ひもで束ねるのが理想的ですが、そのために作業が滞るようなら、紙袋に入れて捨てるのでもよしとします。

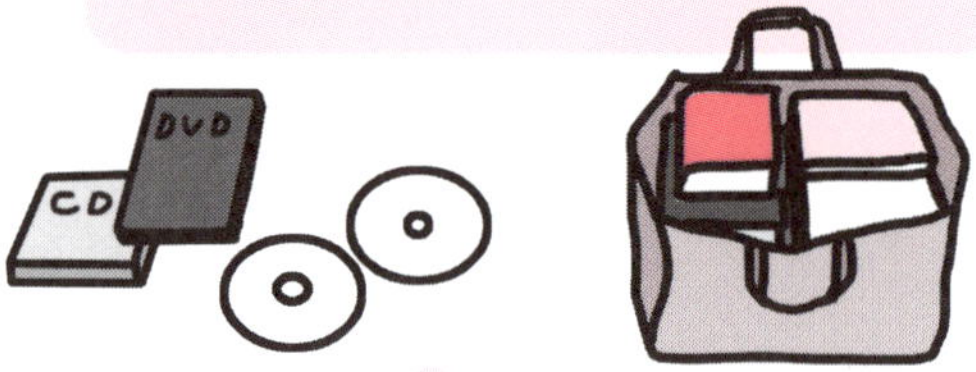

本は捨てづらいという人は

誰かの役に立つと考えれば、処分することへの抵抗感は薄らぐでしょう。片づけ作業に気分的な余裕があるなら、売るための分類作業を進めてもかまいません。

ただし、売ると決めたら、なるべく早く業者へ連絡してください。放置すると、そこから散らかりが広がっていきます。

ＣＤを捨てるときは割るか切り込みを入れる

ＣＤの捨て方は自治体によって違います。可燃ゴミとしている地域もあるので確認を。ＤＶＤも同様です。

捨てるときには、割るか表面（レーベル面）に切り込みを入れてからにします。特に個人情報が入っているような場合には必要な処置です。

保留にしたものは

読むかどうかが決められず、保留にするぶんは、捨てたくない気分を３段階に分けて、段ボールに入れます。気がすんだら、捨てたくない度合いの小さな段ボールから処分していきます。売ることにして、段ボールごと古本屋さんに渡してもよいでしょう。

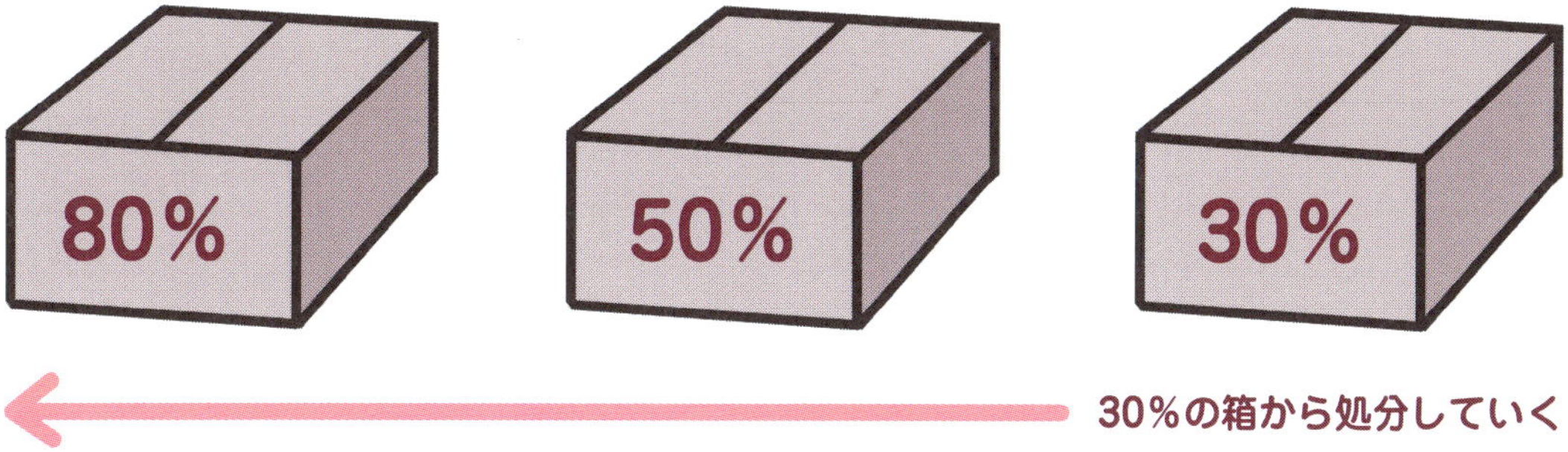
80％
50％
30％
30％の箱から処分していく

しまう

本棚に縦に並べます。少しあけておき、そこもいっぱいになったら再び、「読む・読まない→処分」の作業をしましょう。

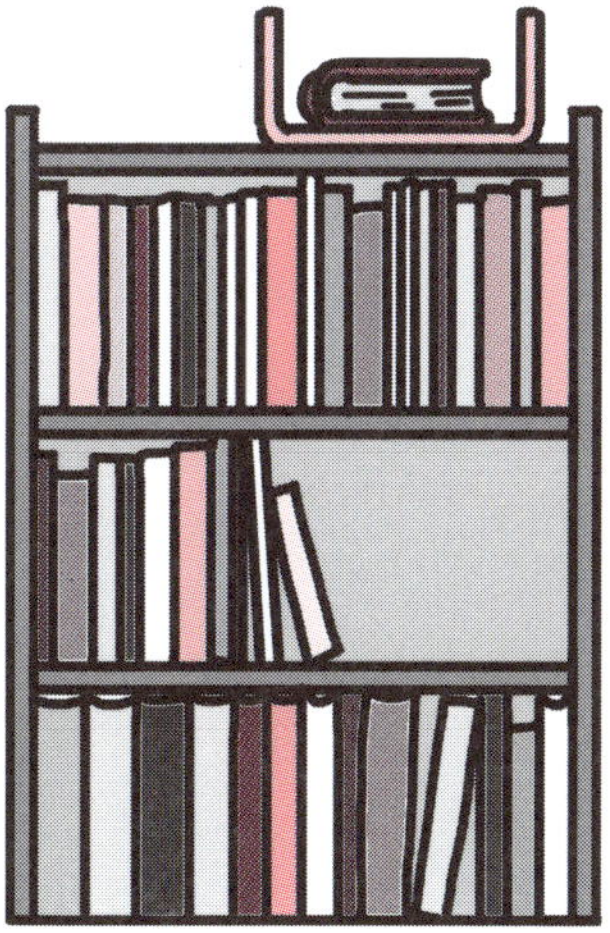
読みかけの本を一緒にしたくないなら、カゴを用意して入れておく
本が増えてもよいように、スペースをあけておく
縦に並べる。本の上に横に置くと下の本が傷む

背表紙が見えるように並べていく

とっておく本や雑誌は、背表紙が見えるように並べます。色や大きさ、内容などでそろえなくてもかまわないので、本棚におさめることを第一にします。できれば、楽しみ用と仕事用に分けて入れると便利です。

量を一定にするための選別を楽しむ

コレクション品、手芸用品などの趣味のものや、子どものおもちゃの片づけには悩まされます。かさばるものはスペースをとられるし、細かいものは収拾がつきません。

見て楽しむもの

コレクション品などは、見て楽しむものですから、飾っておきたいでしょう。しかしスペースは有限です。飾っておくものを時々入れ替えて楽しみましょう。

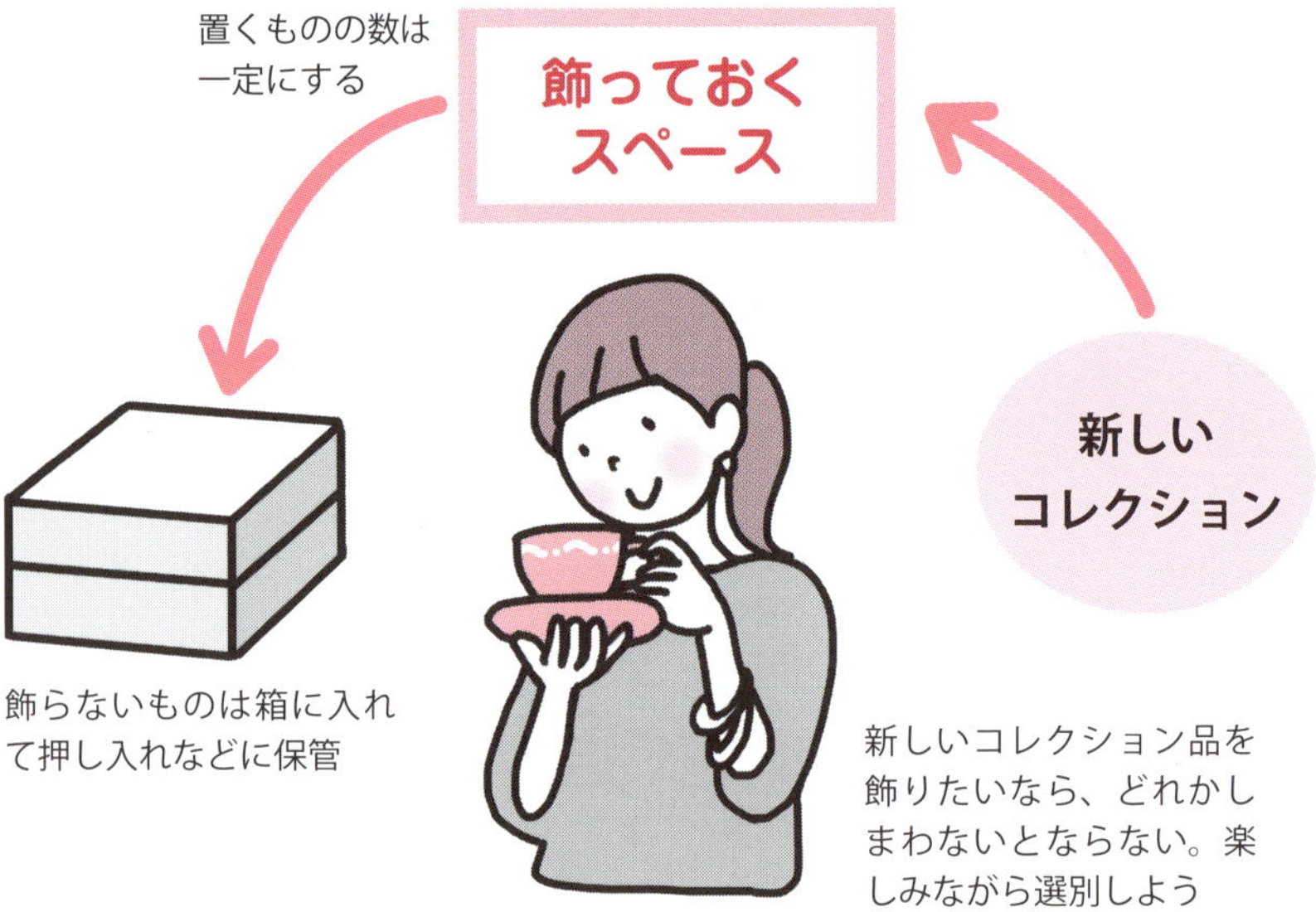
置くものの数は一定にする
飾っておくスペース
新しいコレクション
飾らないものは箱に入れて押し入れなどに保管
新しいコレクション品を飾りたいなら、どれかしまわないとならない。楽しみながら選別しよう

細かいもの

手芸用品のような細かいものは、ひと箱にまとめます。中に仕切りをつければ、取り出しやすいでしょう。

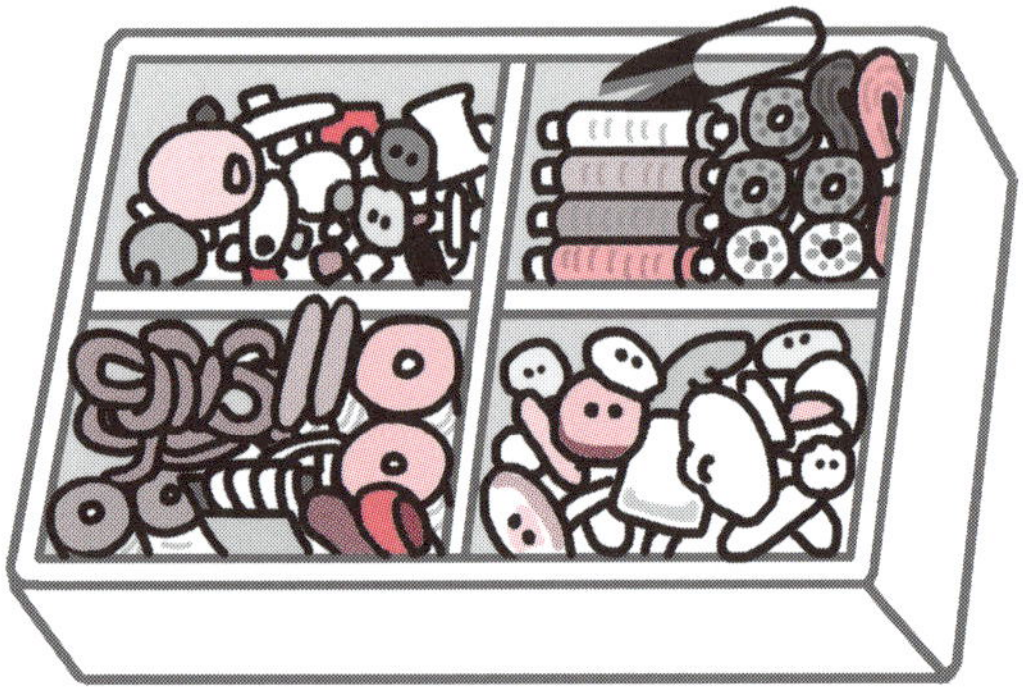
同じ種類のものはなるべく同じ場所に入れたい

思い出のもの

思い出があって捨てられないものは、一定期間保管して、気がすんだら処分します。かさばって保管に困るものは、写真を撮って楽しむことをおすすめします。

写真に撮る

子どもの夏休みの工作など、思い出があってもかさばるものは、写真に撮りましょう。アルバムに整理して、楽しみます。

「思い出箱」をつくる

思い出の品を一時保管しておきます。時々中身を入れ換えて、入れる量は一定に。箱の数じたいも増やさないこと。段ボールのような箱ではなく、お菓子の空き箱など、きれいな箱にしましょう。

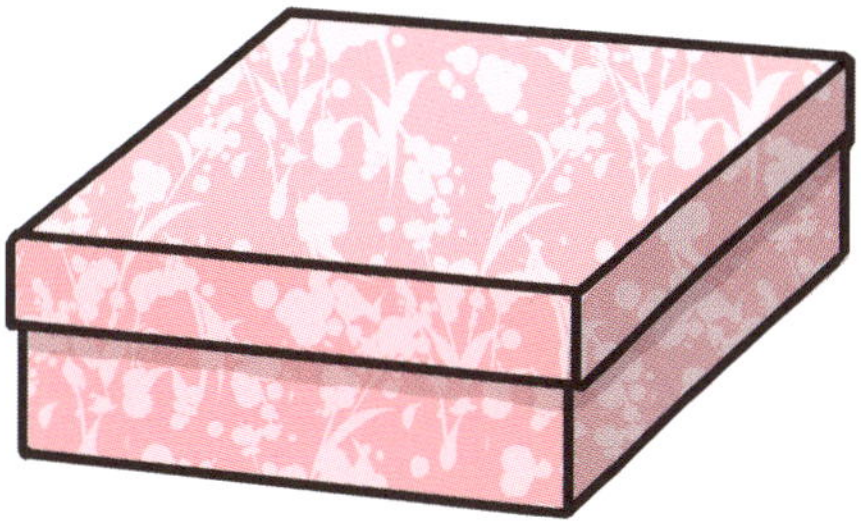

子どものおもちゃ

5〜6種類にざっくり分けてカゴか箱に入れます。それぞれに、「つみき」「くるま」などと書いたり、入れるものの写真を撮って貼っておいたりすると、子どもも片づけやすくなります。

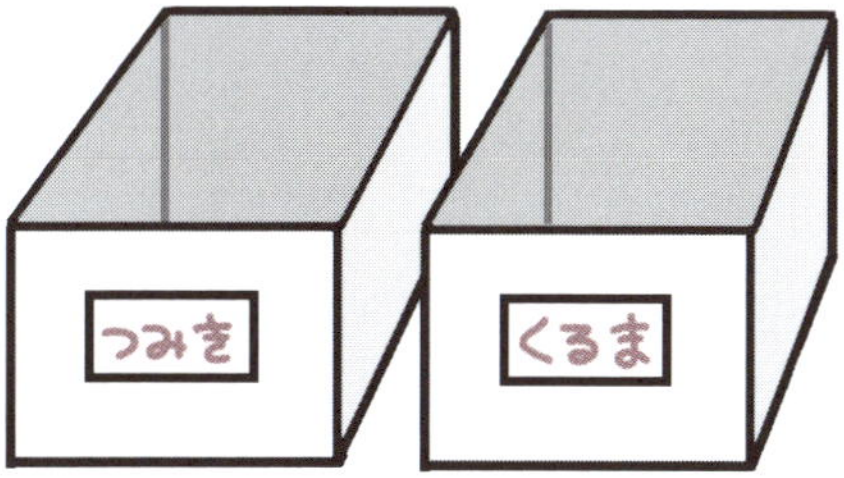

量の上限を決めて一定に保つ

趣味のものは、好きだからといって無制限にとっておくのは無理と割りきりましょう。収納スペースを考えて、とっておく量を決め、あふれるものは処分します。そのための選別を楽しむぐらいの気持ちで作業をしましょう。

そのほかの、片づけづらいものは収納や処分の方法を工夫しましょう。

ストック品は目につかないところに

ＡＤＨＤがある人は「特売」「セール」の文字に弱く、衝動的に買い込んでしまうこともあります。トイレットペーパーなどの日用品は、それほど大量にストックしておく必要はないでしょう。

必要最低限の量をストックする

日用品は切れてしまうと困りますが、収納しきれないほど大量にストックしていないでしょうか。ＡＤＨＤがあると、収納スペースとストック品の量のバランスがとれていないことがあります。衝動買いをしたり、買い物に出ると気が大きくなったりする傾向もあります。特売品にとびつく前に、家になかったか考えましょう。

また、日用品のほかにもストックしているものがありませんか。子どもの工作用にと牛乳パック、きれいな包装紙、何かに使う空き箱など。まず、半分に減らせないか、考えてみます。

1つを使いきる

ストック品がすぐになくなる原因のひとつに、1つのものを最後まで使いきらないということがあります。1つ使いきってから次を出すことを習慣にしましょう。

家じゅうに使いかけのティッシュボックスが散在していないだろうか。使いきって、空き箱は捨てよう

ざっくり分けて収納

　トイレットペーパーなどを１巻きずつ収納する几帳面な人もいますが、ＡＤＨＤでは、そこまでは無理。買ってきた袋ごとでよいので、押し入れなど目につかないところに入れておきましょう。

✕ 見せる収納

美しく並べて、見て楽しむ収納のしかたは、避けたほうが無難

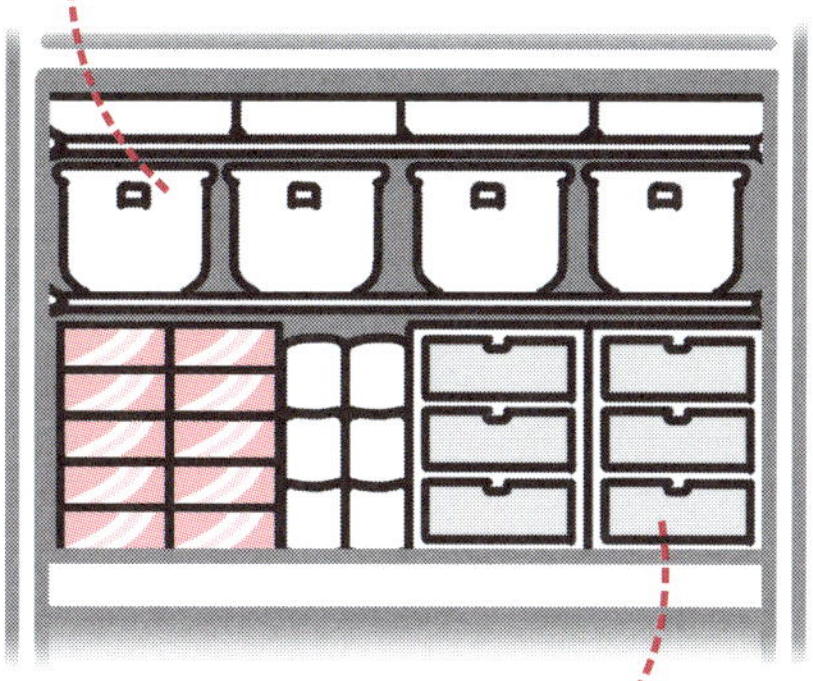

✕ 細かく分ける

分けるのがめんどうになり、結局、しまわないことになる

✕ 室内に放置

取り出しやすいからと、手近なところに置いておくのは、散らかっている印象になる

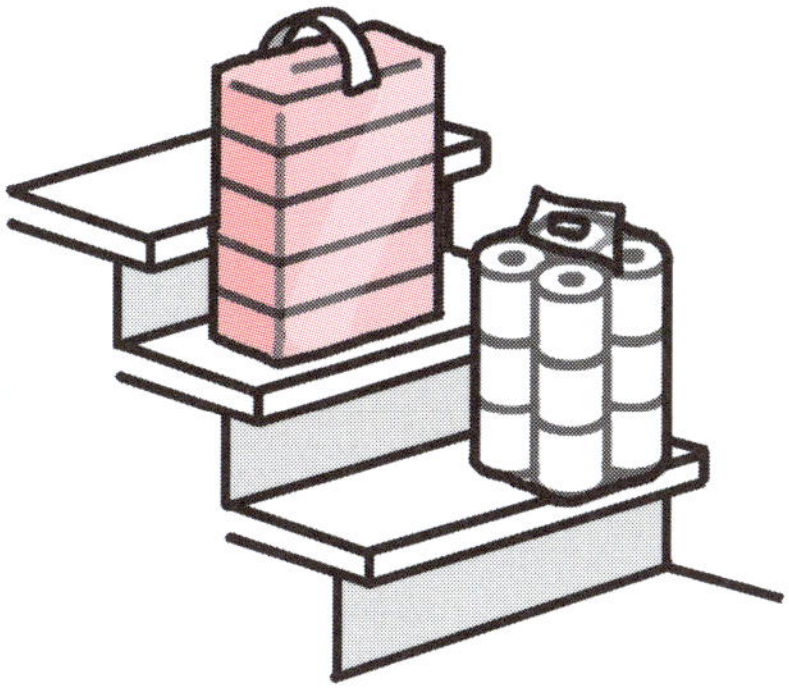

袋ごとでＯＫ

トイレ内には２～３巻きを置き、買ってきた袋は押し入れに

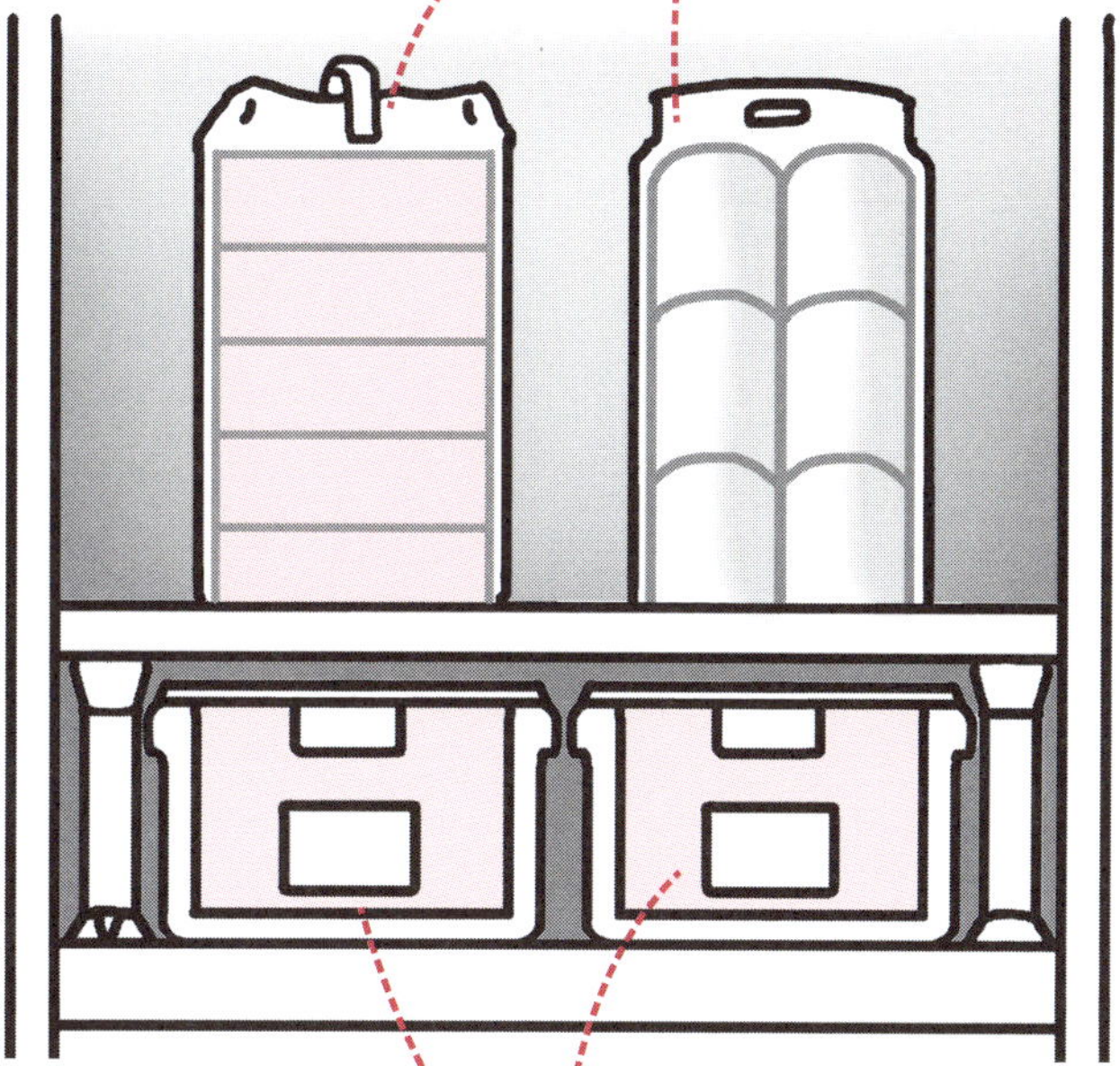

細かくしない

押し入れ収納は、細かく分けず、引き出し１～２個ぐらいに

例　右カゴ：電池、電球予備
　　左カゴ：大工道具

Column

片づけ方が全然わからないなら、プロに頼む手も

一度きっちり学んでみよう

片づけようと決心して、これまで何度か挑戦したものの、一度も片づいたことがないという人。この本を読んでチャレンジしようとしても、やはりどうやってよいかわからないという人。自分を否定しないでください。きっと、なにごとも実践して学ぶタイプなのでしょう。片づけも同様です。

友人に片づけ上手な人がいたら、教えてもらってもよいのですが、片づけや掃除のプロを頼む手もあります。お金はかかりますが、じっくり観察すれば、次からは自分でできるようになるでしょう。

なにより、片づかない悩みが一掃され、気分爽快になるはずです。

頼むことは恥ずかしいことではない

最近は、掃除のプロに頼む人も一般的に増えてきています。片づけをプロに頼むのは恥ずかしいことではありません。

頼むときには、こちらの事情を説明しておいたほうが安心です。なかなかものが捨てられず、判断に時間がかかるなどと伝えておきます。また、処分する（捨てる）ものは、ある程度業者に任せるなど、打ち合わせの段階で決めておくとよいでしょう。

どんなふうに片づけるのか、よく見ておこう。服は捨てるかどうか任せるなど、思いきることも必要

4

部屋別

―誰のものかをはっきりさせる

散らかったものが少なくなりましたか？

今、部屋に散乱しているのは、種々雑多なものや、

定位置が決まっていないものでしょう。

ひと部屋ずつ、見える床面積を広げるつもりで片づけていきましょう。

片づけに困るのは、家族のもの。

家族と一緒に暮らしているなら、片づけのルールを決めておきます。

基本

床にものを置かないと片づいて見える

脱いだ服や使った化粧品、読みかけの雑誌などを床いっぱいに置いていないでしょうか。床が見えないと「足の踏み場もない」印象になるうえ、ものにつまずく危険性もあります。

ものを拾うと床が見える

部屋を完璧に片づけるのは無理だと思っても、まずは床にあるものを拾ってみましょう。床が見えると片づいた印象になり、さらにやる気が出てくるはずです。

鉄則１
使わない化粧品は処分
きっと爪切りを探すことに。定位置は洗面所？
鉄則２
スリッパは玄関のスリッパ立てが定位置では？
コーヒーをひっくり返す前に、テーブルの上へ移動
空の段ボールは場所ふさぎ。たたんで資源ゴミに出そう

アドバイス！ ゴミ箱を使いやすく

ゴミ箱にゴミが盛り上がって、もう入らないという状態になっていませんか。

捨てる用のゴミ袋を、最初からゴミ箱にセットしておくとよいでしょう。さらに予備のゴミ袋をその下に置いておきます。ゴミ袋ごと捨てたら、すぐに次のゴミ袋をセットできます。家じゅうのゴミ箱にセットしておきましょう。

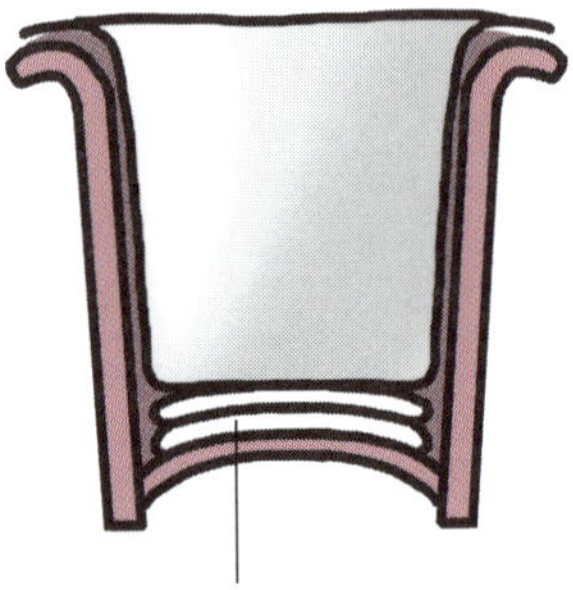

予備は２～３枚を。ときどき補充する

区画を決めて集中的に片づける

部屋の片づけは、範囲（区画）で考えていきます。やはり片づけ時間は一五分間です。自分でできると見積もるよりも狭い範囲に設定しましょう。そのほうが確実に達成できるからです。

しかし、ＡＤＨＤのある人にとって、毎日少しずつでも片づけを続けるのは大変なこと。家族が一緒なら、片づけのルールを決めて、家族全員で守りましょう。

目立つものを拾ってから

区画を決めたら、まず目立つものを片づけます（3章参照）。

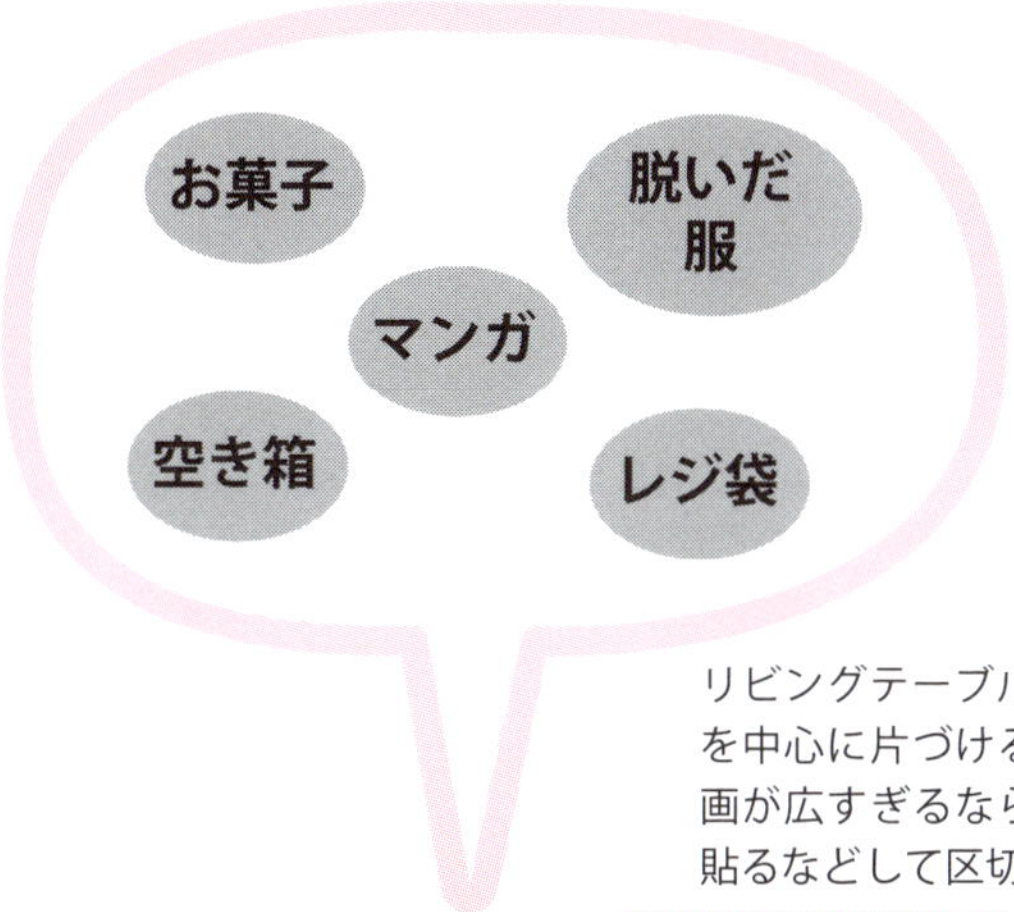

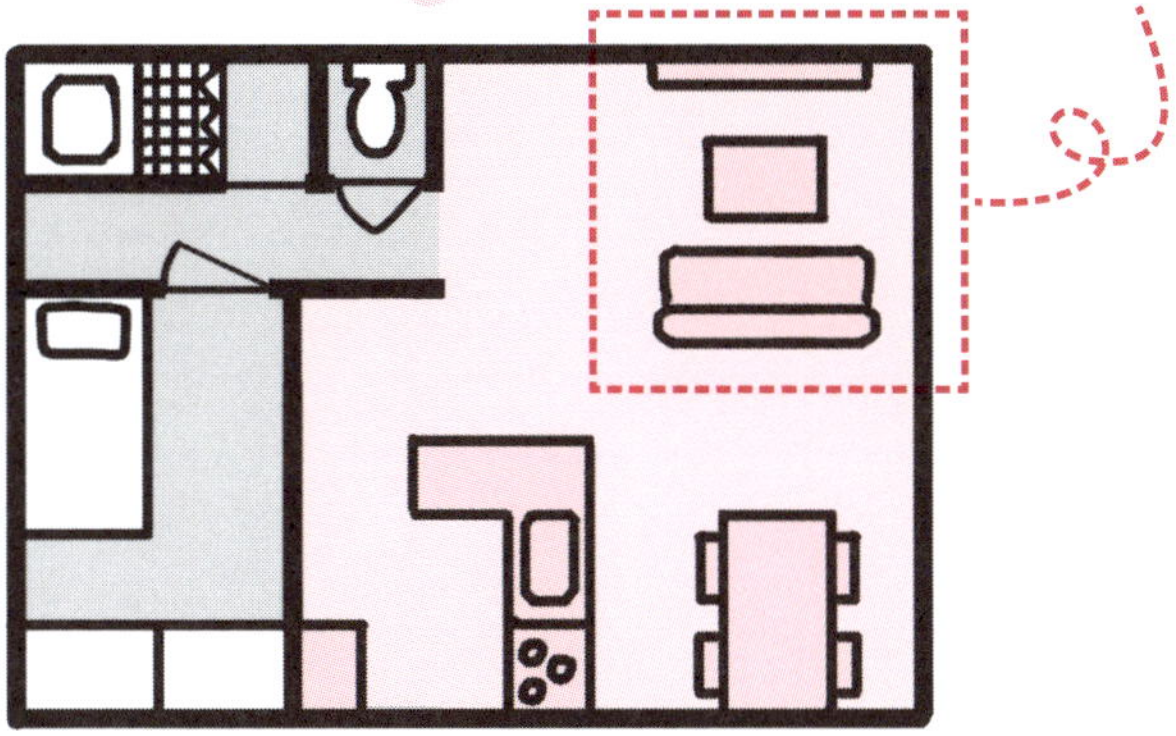

リビングテーブルの上や周囲を中心に片づけることに。区画が広すぎるなら、テープを貼るなどして区切ってもよい

「疲れた～」とバッグや服を床に放り出さないで。見える床面積が減ってしまう。日常的に、床にものを置かないように意識しよう

細かい家具が多くないか

テーブル、いす、棚など細かい家具を多く置くのはＡＤＨＤのある人には不向き。シンプルにしよう

共有スペースに個人のものを放置しない

家族が集まってくつろぐ場所は、片づけておきたいですね。でも、インテリア雑誌のように美しくしようという意味ではありません。居心地のよい部屋にすることがいちばんです。

リビングは家族のくつろぎスペース

リビングは家族の共有スペース。いわば公的な場所です。しかも一日の疲れをいやすくつろぎスペースですから、リラックスできるよう快適にしておきましょう。

テーブルやソファーの上に自分のものを放置しないで、自分の部屋に持っていきましょう。自分専用の部屋がなくても自分専用の「スペース」はあるはず。そこへ持っていきましょう。

家族のものはカゴを置いて、入れておき、各自が自分のカゴを片づけます。取り込んだ洗濯物も同様にするとよいでしょう。

ルール

リビングの片づけルールを決め、家族で協力します。床やソファーにものを置かないようにしましょう。

自分のものは自分の部屋へ持っていく

夕食前に自分のカゴを整理する

各自のカゴを用意しておき、リビングに置きっぱなしになっている私物を入れておく。夕食前など時間を決めて、各自が片づける

「ものを置かない」を目指す

家族が集まってくるぶん、ものも集まってきがち。基本的にリビングにはものを置かないようにします。置いてもよいのはリモコンやティッシュボックスなど最低限に。

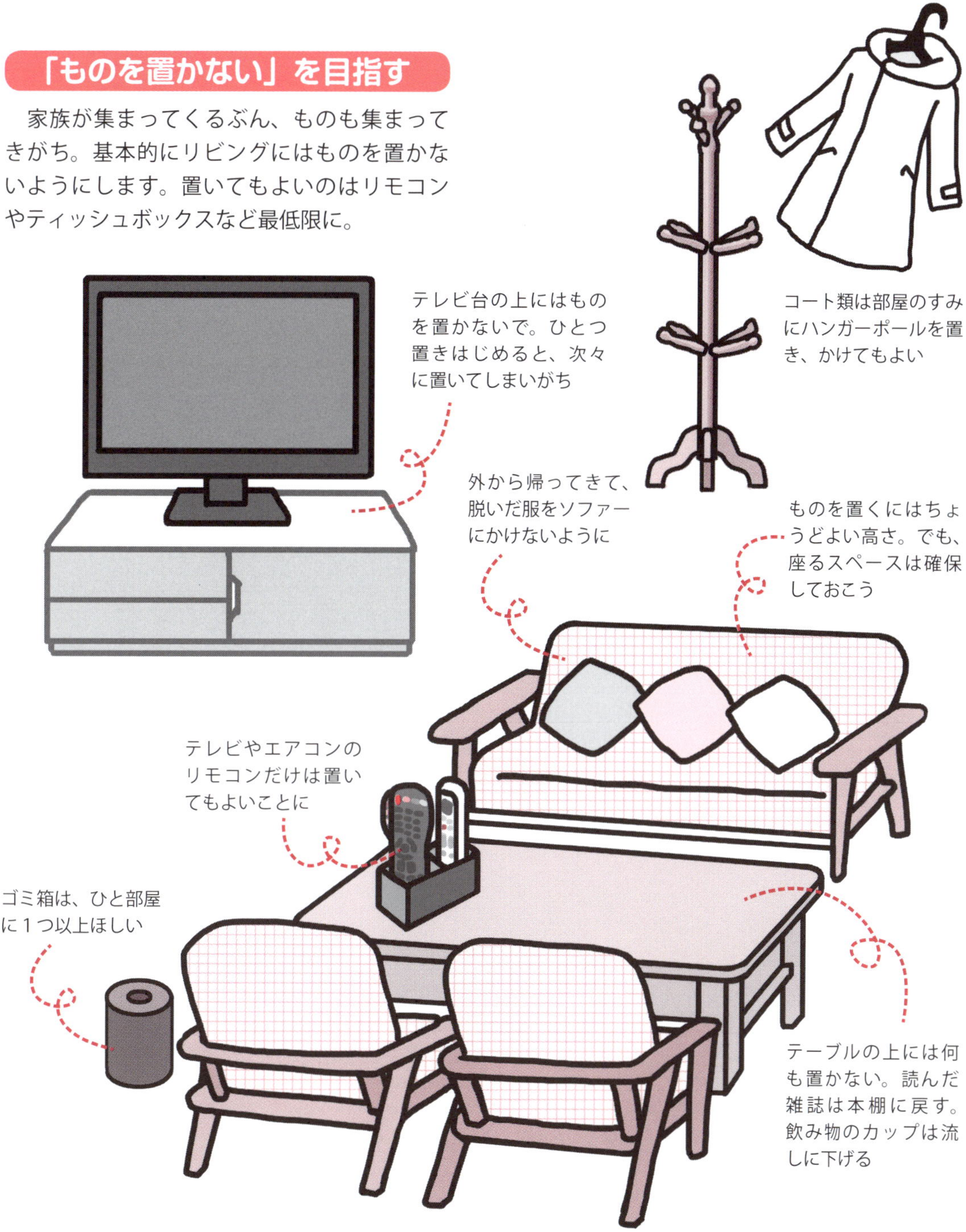
テレビ台の上にはものを置かないで。ひとつ置きはじめると、次々に置いてしまいがち
コート類は部屋のすみにハンガーポールを置き、かけてもよい
外から帰ってきて、脱いだ服をソファーにかけないように
ものを置くにはちょうどよい高さ。でも、座るスペースは確保しておこう
テレビやエアコンのリモコンだけは置いてもよいことに
ゴミ箱は、ひと部屋に1つ以上ほしい
テーブルの上には何も置かない。読んだ雑誌は本棚に戻す。飲み物のカップは流しに下げる

食べかけ、飲みかけを放置しない

食事をする場所は、清潔さが大切です。食事がすんだら、すぐに片づけましょう。食事以外の作業をしたときは、次に食事をするまでに、テーブルの上の道具を片づけます。

テーブルの上をもの置きにしない

食事がすんだら、すぐに食器を流しに下げます。食後のお茶を飲んだら流しの片づけです。

ダイニングも清潔さが大切です。テーブルが汚れていたら拭き、食べかけや飲みかけのものは、ふたやラップをして片づけます。

ダイニングのテーブルに子どもの勉強道具、郵便物、化粧品などを置きっぱなしにするのはやめましょう。自分の部屋に片づけます。ただし、スマホなど毎日持って出る大事なものの一時保管場所として各自の席を利用してもよいでしょう（左ページ参照）。

食事をする場所はダイニングとリビングだけ、と決めておきたい。どこででもものを食べると、食関連の片づけも広範囲になってしまう

ルール

ダイニングの片づけルールを決め、家族で協力します。食事の後片づけも、ひとりに負担が集中しないようにしましょう。

自分の食器は自分で片づける

「○○かけ」は出しっぱなしにしない

「食事をする場所」に徹底する

ダイニングは食事をする場所です。それ以外の作業をしたときは、「仮にしただけ」と考えて、作業道具をすぐに片づけましょう。

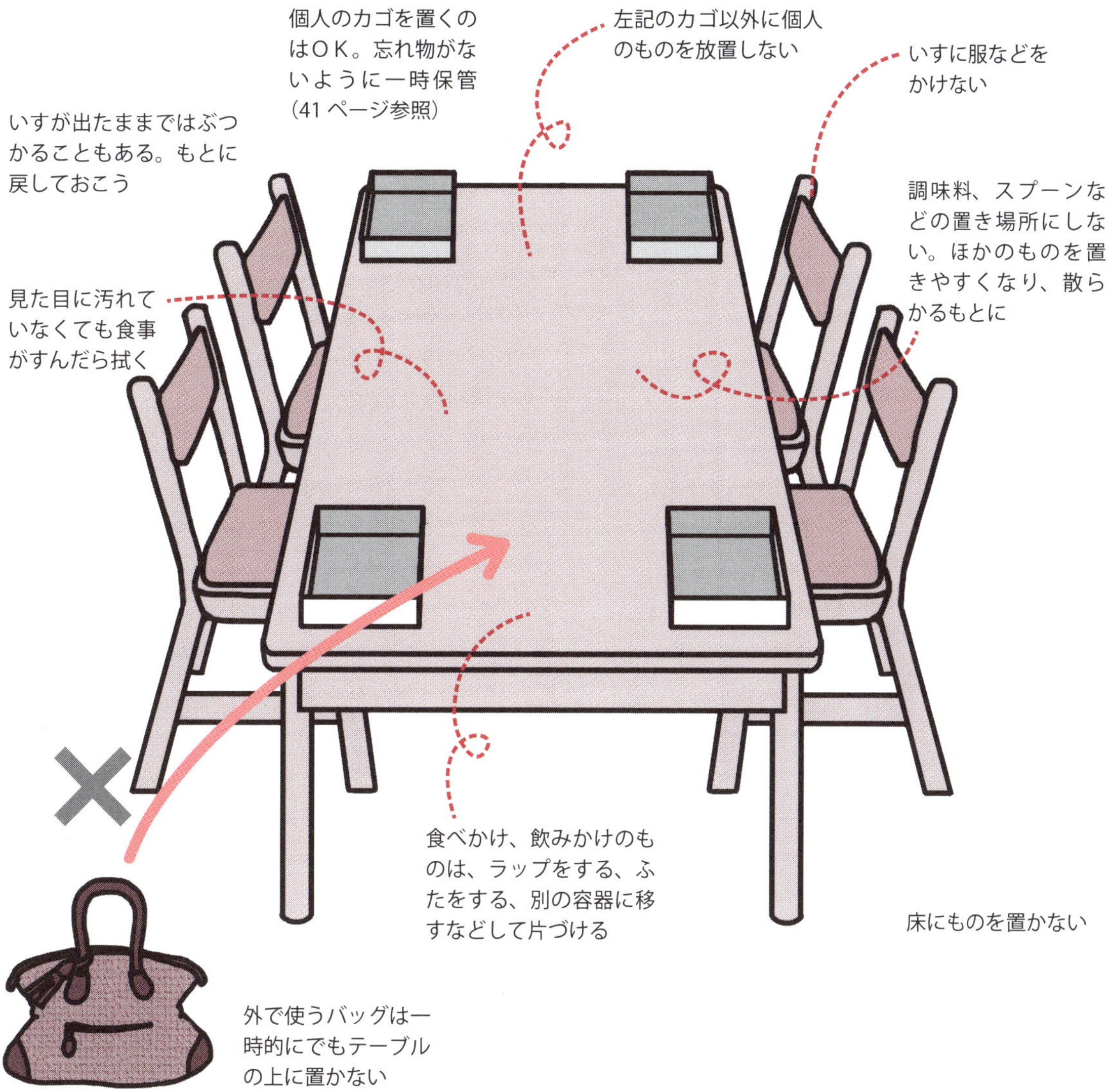
個人のカゴを置くのはＯＫ。忘れ物がないように一時保管（41ページ参照）
左記のカゴ以外に個人のものを放置しない
いすに服などをかけない
いすが出たままではぶつかることもある。もとに戻しておこう
調味料、スプーンなどの置き場所にしない。ほかのものを置きやすくなり、散らかるもとに
見た目に汚れていなくても食事がすんだら拭く
食べかけ、飲みかけのものは、ラップをする、ふたをする、別の容器に移すなどして片づける
床にものを置かない
外で使うバッグは一時的にでもテーブルの上に置かない

食関係は清潔さがなにより大切

キッチンの片づけは先延ばしにするほど、片づけるものがたまります。また、異臭や腐敗など不潔さの原因になることもあります。清潔さを保つには、まず捨てることからスタートです。

いつかやるしかない……だから、すぐにやろう

食事は毎日することです。ですから後片づけも毎日できるとよいですね。「後でやろう」と先延ばしにしていても、結局いつかやるしかないのです。それならばすぐにやりたいものです。先延ばしにしていやな気分をひきずっている自分より、すぐにやる自分のほうが、きっと好きなはず。

片づいているキッチンは清潔です。清潔さがなくなると、健康にもかかわるので、これは重要なポイントです。流しや調理台だけでなく、食器棚や冷蔵庫の中も時々は片づけましょう。

アドバイス！ 冷蔵庫の中も片づけよう

冷蔵庫の中がごっちゃり……ということはありませんか。消費期限切れの食品や、同じ食品がたくさん詰め込まれていたりします。

時々、冷蔵庫の中のものを全部出して、「食べる・食べない」で分け、食べるものをしまっていきます。一五分間でできる量を考えて、一段ずつ片づけます。

調味料などの徹底片づけは、季節ごとにおこなってもよいでしょう。

食べかけにラップをして、そのまま忘れていたり……

ルール

キッチンの片づけルールを決め、家族で協力します。大切なのは食事の後。すぐに片づけましょう。

調理台には調理中のものしか置かない

流しに汚れ物を放置しない

場所別の注意点

キッチンの片づけといっても、流しと調理台、冷蔵庫、食器棚と場所は複数あります。それぞれの注意ポイントを挙げてみましょう。

冷蔵庫

食べないものや同じものを何個も買ってきて詰め込んでいませんか。すき間がないと冷蔵機能も落ちます。

古いものを処分

食器棚

しょっちゅう使うからと出しっぱなしにしないで、食器は食器棚にしまいます。できれば種類別に、もしくは大きさ別に重ねて収納します。

大きさ別に重ねる

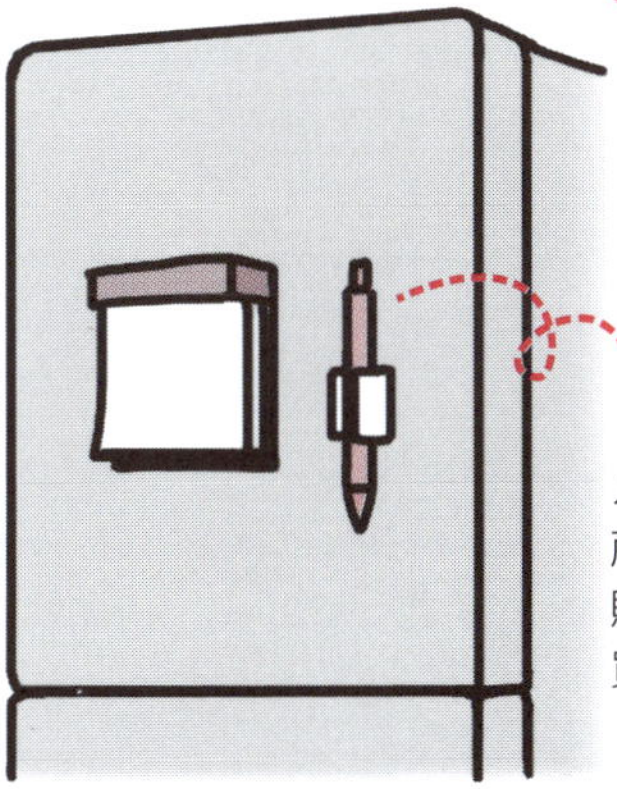

メモ用紙とペンを冷蔵庫にマグネットで貼って、買いすぎ・買い忘れを防ごう

流しに集めた食器はすぐに洗おう。食洗機もおすすめ

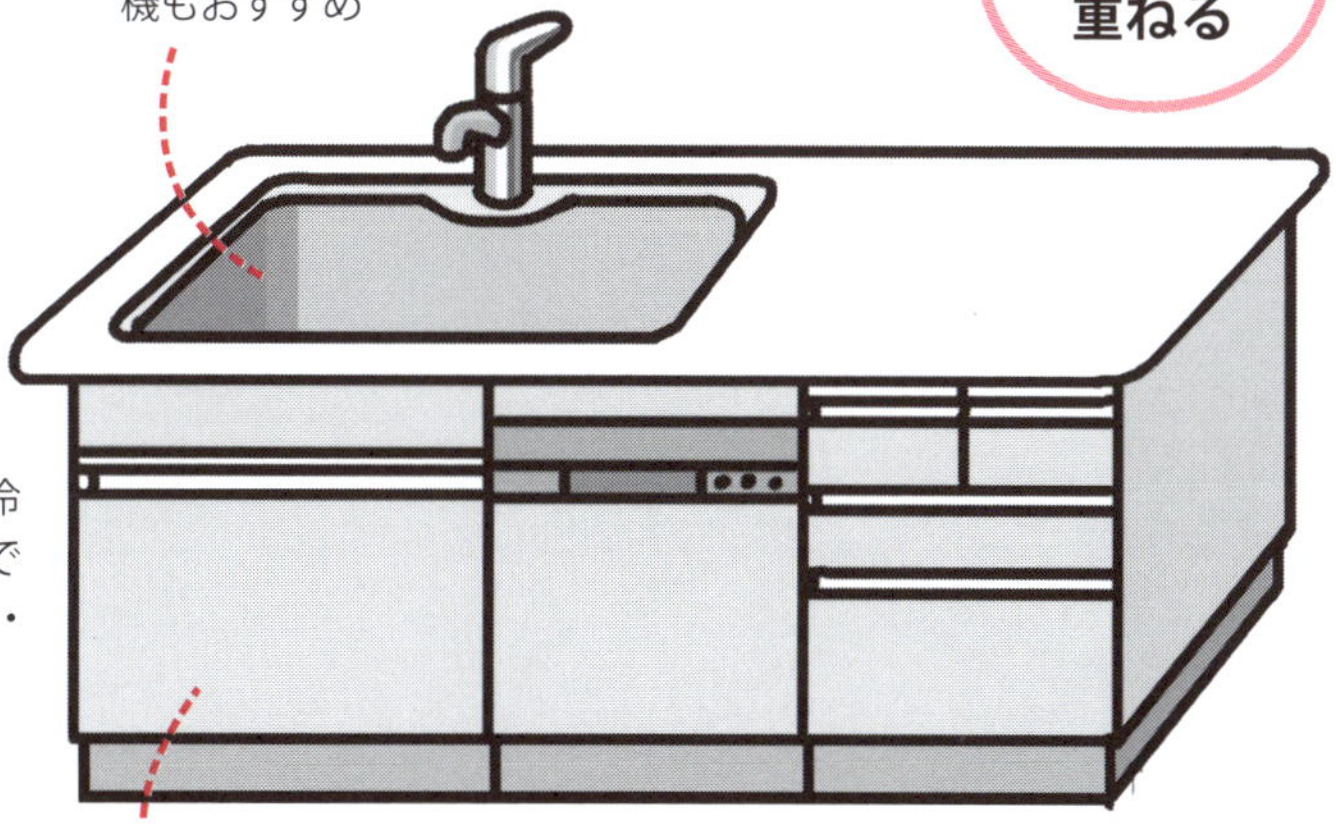

シンク下など

なべやボウルは、大きめのカゴ（プラスチック製）や棚などを使ってざっくり分けて収納します。除湿剤を入れておくと清潔さを保てます。

ざっくり分ける

可燃ゴミと不燃ゴミのゴミ箱は大きめに。ふたがついているものにして、ふたの裏に脱臭剤を貼っておくとよい

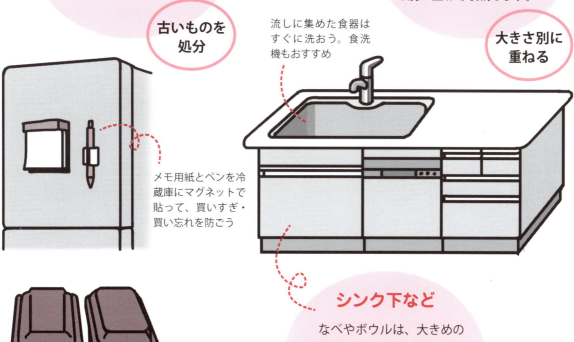

ベッドを物置きにしないように

寝室は、ベッドの上をいかに片づけるかが重要です。ベッドは、「ものを置いてくれ」と言っているような場所。その誘惑をふりきって、寝具以外のものを置かないことが基本です。

パジャマの定位置を決めよう

マンガ、ティッシュ、パジャマなどをベッドの上に置かないようにします。とくにパジャマは放置しがち。ベッドサイドにカゴを用意して入れるとよいでしょう。

脱いだ服はハンガーにかけて片づけます。または、ベッドサイドのカゴに入れて、朝起きたらパジャマと交換でもよいでしょう。

ルール

寝室の片づけルールを決め、家族がそれぞれ片づけましょう。

ベッドとその周辺を片づける

毎日のひと手間

起きたらサッと片づけてから部屋を出ると気分がよいです。

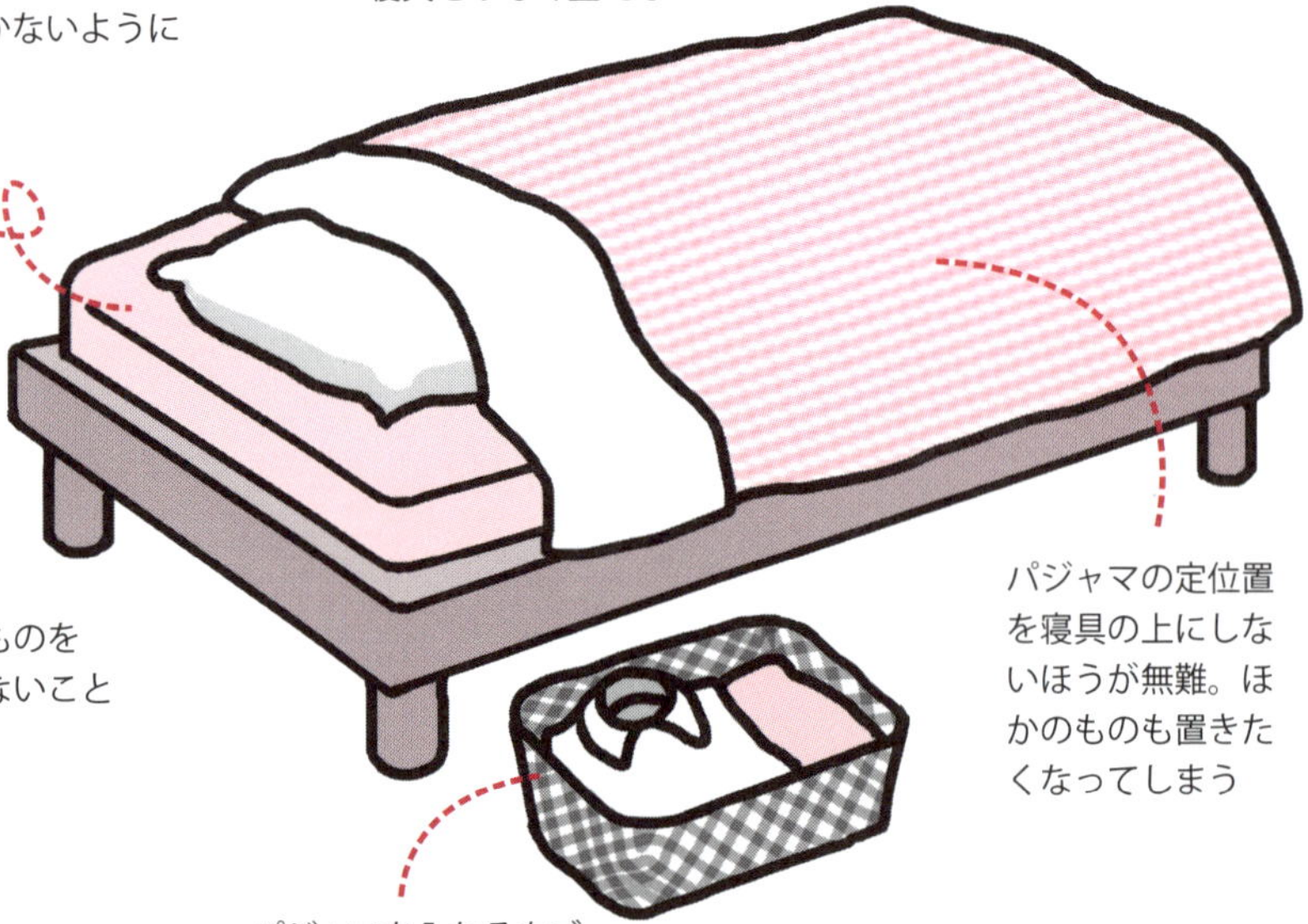
マンガやペットボトル、ティッシュなどを置きがちな危険ゾーン。ここには何も置かないように
寝具をかるく整える
パジャマの定位置を寝具の上にしないほうが無難。ほかのものも置きたくなってしまう
床にものを置かないこと
パジャマを入れるカゴ

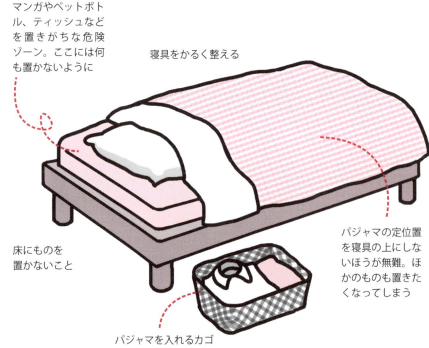

自分で片づけることを習慣づけたい

子どもに「片づけなさい」というだけでは、何をどうしてよいかわからないでしょう。その気持ちはあなたがいちばん理解できるはず。子どもと一緒に片づけを練習していきましょう。

子どもと一緒に定位置を決めよう

どこに置けば使いやすいかを子どもと一緒に考えながら、ものの定位置を決めます。決めたところに戻すように習慣づけるためには、焦らず怒らず、根気よく「片づけよう」と声がけしつづけましょう。

完璧にできなくても七五点を目指せばよいというのは、子どもにもあてはまる目標です。

帰ってきたらコートはすぐにハンガーにかけるように

ルール

子ども部屋の片づけルールは、大人の片づけルールと同じ。大人が片づけたほうが早いと手出しをせず、子どもを励ましながら身につけさせましょう。

自分のものは自分で管理させる

机の片づけ

子ども部屋の片づけでネックになるのは学習机です。引き出しに何を入れるか決めますが、最初のうちはとりあえず引き出しにしまえばOKとします。

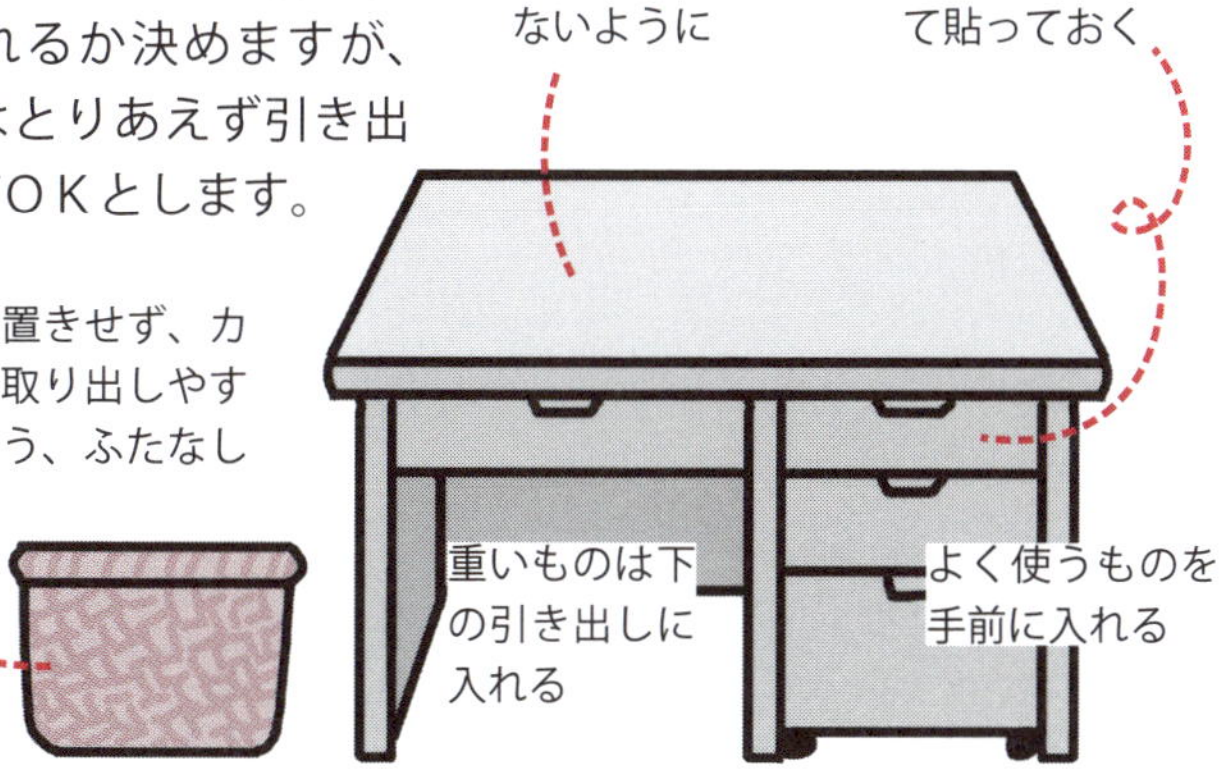
机の上には勉強道具以外は置かないように
何を入れるかラベルに書いて貼っておく
ランドセルは床置きせず、カゴを用意して。取り出しやすく戻しやすいよう、ふたなしがおすすめ
重いものは下の引き出しに入れる
よく使うものを手前に入れる

引き出しの整理のしかたは 92 ページも参照

洗面や入浴に関係ないものは処分する

洗面所にさまざまなものを置きっぱなしにしていませんか。浴室に子どもの昔のおもちゃがそのままだったり……。洗濯機の周辺も、使っていない洗濯バサミなどがたまりがちです。

放置したものはカビの温床に

水まわりにためたものには、カビが生えやすいので要注意です。洗面や入浴に関係ないものは片づけましょう。使っていない化粧品や子どもが小さいころのお風呂のおもちゃなどは捨てましょう。

脱衣所には脱いだ服が何日もそのままということも。洗濯機のまわりも要チェックです。

ルール

洗面所、浴室、脱衣所などの水まわりの片づけルールを決め、家族で協力します。

不要な小物類を置きっぱなしにしない

こんなものに注意

以下のようなものが、洗面台や浴室のすみなどに、たまっていませんか。

化粧品
肌に合わずに使わないもの、使わない試供品、使いきった空容器　など

アクセサリー
なくしやすいので、別の定位置ではずす

おもちゃ
赤ちゃんのころのお風呂用おもちゃ

ケア用品
使わない試供品、空になった容器など

服
脱衣所で脱いだまま数日……

タオル
使うぶん以上に置きっぱなしになっていないか

容器が空になったら、中身を補充するか容器を捨てるかの二択

すぐに洗濯ができるように
使わない洗剤は捨てよう。空容器は捨てるか補充するか二択
これから洗うものは洗濯機かカゴに入れる

洗濯機の周辺

洗濯機のまわりにも服を放置していないでしょうか。不要な洗剤や空容器、壊れた洗濯バサミなども落ちていないかチェックします。

玄関

左右の靴が離れていない？

玄関で片づけたいのは、靴、下駄箱、傘立てです。特に靴は三和土にきちんと並べておくのが理想ですが、せめて左右の靴を離さずにおきたいもの。履くときに困りません。

三和土《たたき》

出してもよいのは最近よく履く靴だけ。きちんと並べておくときれいですが、せめて左右一足分はバラバラに離さずそろえておきましょう。

下駄箱の上

何も置かないのが基本です。淋しければ、花瓶など１つだけならよいでしょう。

傘立て

傘はたたんでさしておきます。ビニール傘があふれていたら、使わない傘も入っていないかチェック。選別して不燃ゴミに出しましょう。

Column

片づけをしない家族にどう言えばよいか

怒らずに要点をしぼって言う

　片づけが苦手な家族がいると、そうでない家族はつい「片づけたら」などと言いたくなるでしょう。ただ、言われるほうは、わかっていてもできないいか、その人なりにやっているつもりなのです。言われても、責められているように感じて反発するか、イライラするだけで、事態は改善しません。

　怠けたり、家族に任せきりにしているわけではないと、理解してください。

「片づけて」ではなく、より具体的に言うのもよい方法です。「くつ下を脱ぎっぱなしにしないでよ」ではなく、「洗濯するから、脱いだくつ下は洗濯カゴに入れてね」といった要領です。

メモを活用して「見える化」する

「聞く」より「見る」ほうが伝わりやすい傾向があります。口頭で伝えるより、「見える化」するほうがわかりやすいので、メモに書いて机やテーブルの上に貼っておくとよいでしょう。

　片づけた後は、子どもならほめ、夫や妻なら「協力してくれて、ありがとう」の言葉を忘れずに。

「部屋にあるマグカップを流しに出してね」などと、本人の席の前にメモを貼っておくとよい

5 職場

―「ごほうびシステム」で、やる気を保つ

職場で片づけができないと、仕事以外の面で評価が下がりかねません。

それは残念なこと。

まず、目につくデスクから片づけましょう。

片づけの鉄則は自宅と同じです。ものを減らし、定位置を決める。

維持することが大切なので、ここは「ごほうびシステム」を取り入れます。

１週間や１ヵ月と期間を決め、維持できていたら、

自分をおおいにほめましょう。

「減らす」「整理」「維持」の順番で

日々増える書類や送られてくるメール、デスクの上にたまった事務用品……。職場での片づけは、ものや情報を減らし、整理した状態を維持する。この三段階で進めましょう。

片づけができないと

　もの探しに時間をとられる、デスクの上にスペースがないので作業効率が悪くなる、必要なものが必要なときに取り出せないなど、仕事上にさまざまな影響が出てきます。そんな自分がいやになり、自己嫌悪に陥る人や、会社を辞めてしまう人もいます。

後で
片づけよう
どこに置いたんだっけ？
書類を書く
場所がないなあ
まずこっちを
やろう、
あ、あれも

大切なメモが見つからず数十分。書いた記憶はあるが、どこに置いたかの記憶がない

困ることは

- 仕事が滞る
- ものをなくす
- ミスが出る
- 信用をなくす

困るのは自分。片づけが苦手で仕事の評価が下がるのは残念

職場の片づけの順番

片づけは減らす、整理、維持の３段階で考えます。通常は整理と維持だけ意識すればだいじょうぶ。できていたら自分にごほうびをあげることにすると、やる気を保てるでしょう。これが「ごほうびシステム」です。

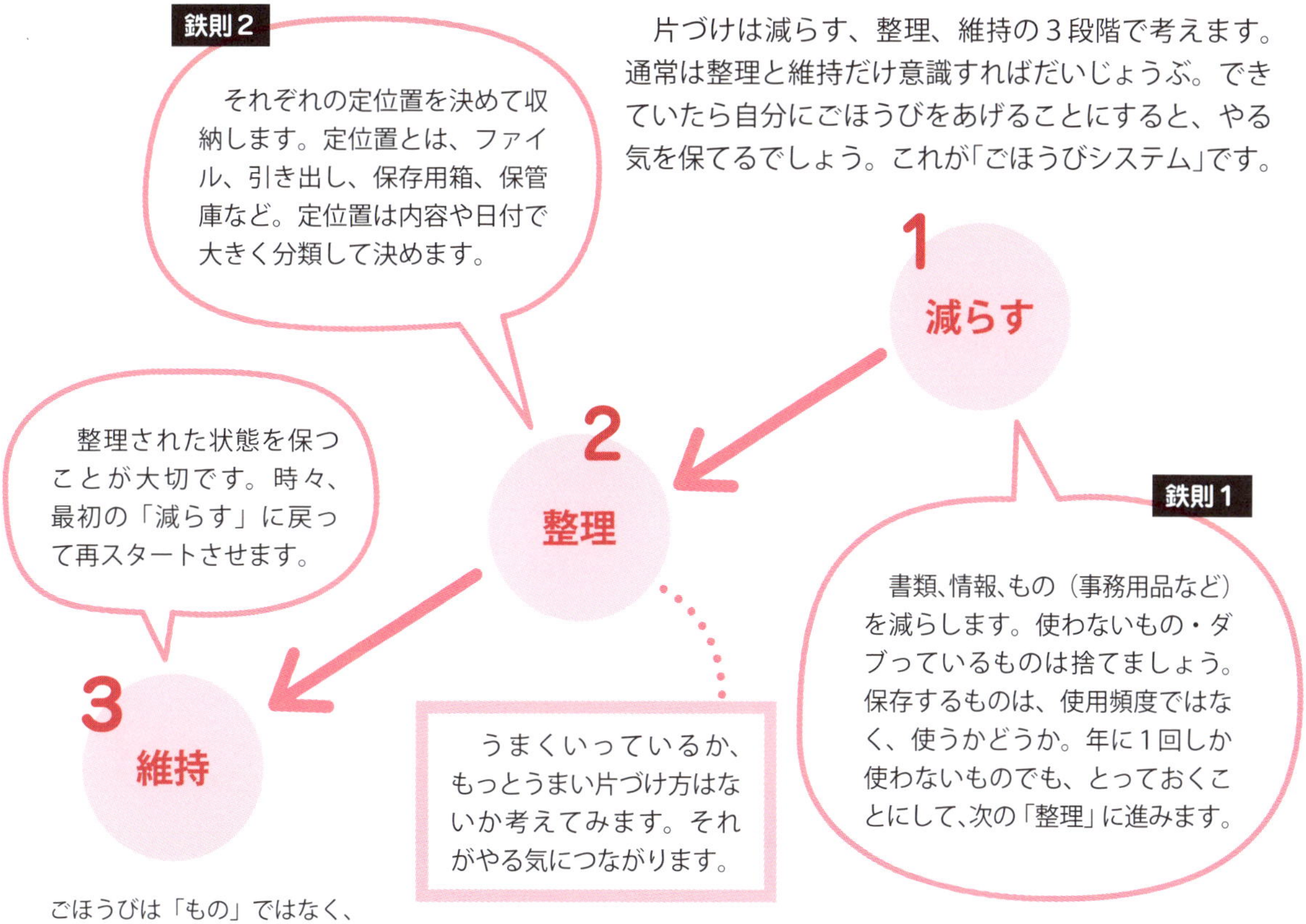
1
減らす
鉄則１
書類、情報、もの（事務用品など）を減らします。使わないもの・ダブっているものは捨てましょう。保存するものは、使用頻度ではなく、使うかどうか。年に１回しか使わないものでも、とっておくことにして、次の「整理」に進みます。
2
整理
鉄則２
それぞれの定位置を決めて収納します。定位置とは、ファイル、引き出し、保存用箱、保管庫など。定位置は内容や日付で大きく分類して決めます。
3
維持
整理された状態を保つことが大切です。時々、最初の「減らす」に戻って再スタートさせます。
うまくいっているか、もっとうまい片づけ方はないか考えてみます。それがやる気につながります。

ごほうびは「もの」ではなく、ティータイム、映画鑑賞など、後に残らないことがよい

不要なものを捨てて整理した状態を保つ

職場での片づけは「減らす」から始めます。悩むのが、どれを捨てればよいのかわからないこと。こだわりや好き嫌いの感情を交えず、「使う・使わない」で判断します。

量が減れば整理しやすくなります。内容や日付で分類して、どんどん収納していきます。

その状態を維持するには、毎日の「やる気」が必要ですが、ここがＡＤＨＤの人には弱いところ。自分を励ますために「ごほうびシステム」を取り入れましょう。

おおまかにざっくり分けて置く

デスクまわりは、散らかっているのがもっとも目につきやすいところ。ADHDのある人は、事務用品も書類も細かく分類せず、おおまかに定位置を決めて、しまいましょう。

デスク片づけのコツ

「かわいい」「きれい」と付箋《ふせん》やペンを集めていませんか？事務用品の基準は使いやすいことです。まず、使わないものを捨てて見た目をきれいにしましょう。さらに、定位置を決めて、使ったらもとに戻すことを徹底します。

見た目をきれいに

帰るときにデスクの上をざっと片づける。片方に寄せるだけでもきれいに見える

見える化する

バインダーやファイルボックスにはラベルをつけて、中身がわかるように

取り出しやすくしまっておく

すぐに使える

整理グッズを活用する

細かいもの、定位置が決められないものなどを入れる

使ったらもとに戻す

定位置を決めて戻すのは、片づけの鉄則

ストックバッグ、クリアケース、トレイなど

中身が見えるように。ケースは透明なものにすれば、分類せずに入れても、だいじょうぶです。

ケースごとなので移動も簡単

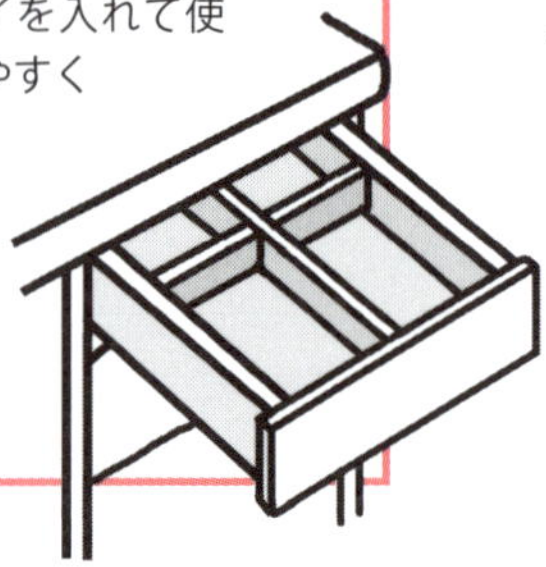

引き出しにはトレイを入れて使いやすく

使いやすさを考えて

デスクには、通常、どこの引き出しに何を入れるかが、だいたい決まっているものです。

きれいな状態が１ヵ月維持できていたら

ごほうびシステム

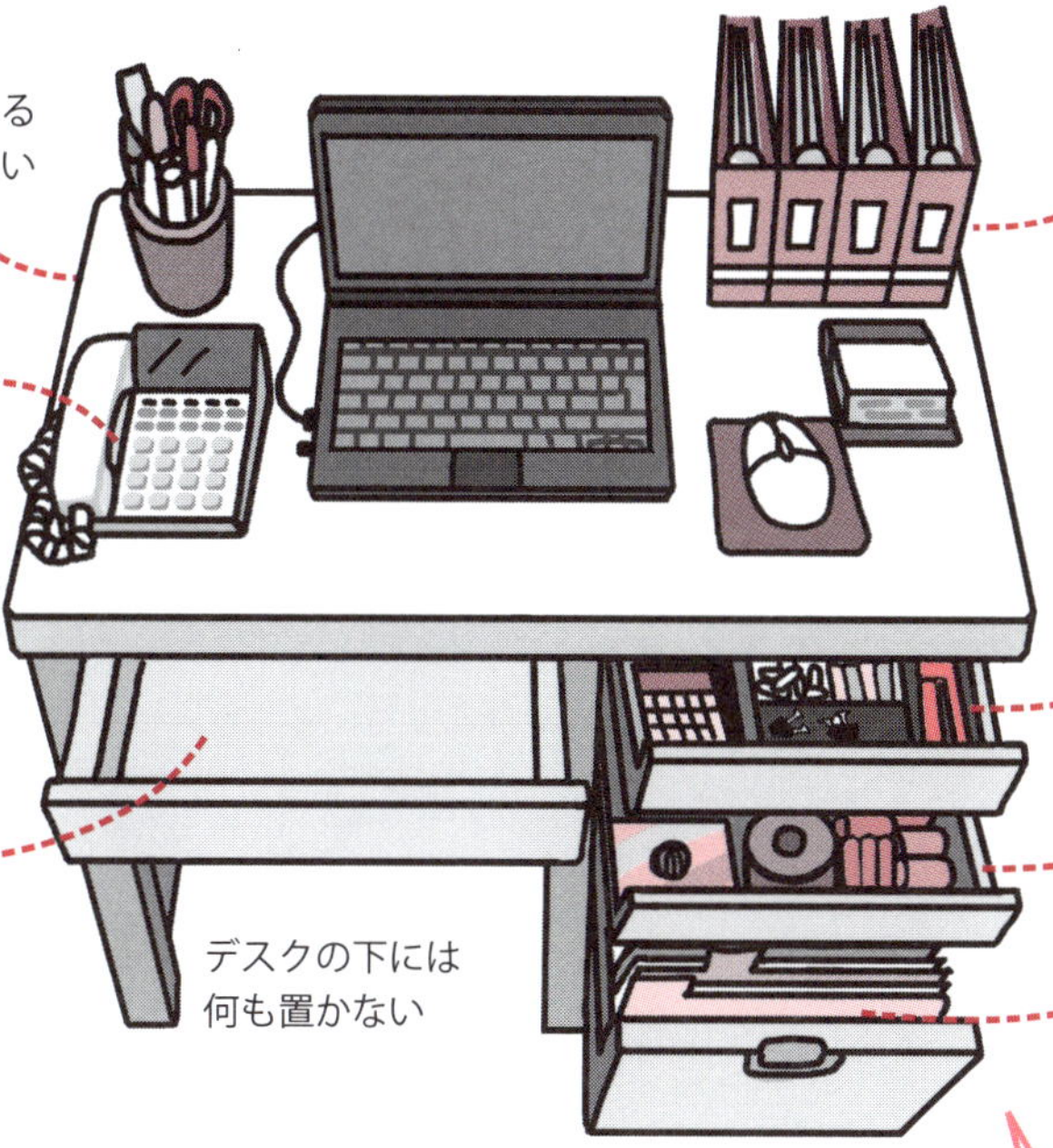

ファイルは縦に並べると取り出しやすい
ペンは立ててあるほうが使いやすい
電話は左にあると右手でメモがとれる（左利きは反対に）
軽いものは上。よく使うものは手前
空けておきたい。入れても書類の一時保管程度
大きい文具や私物など
デスクの下には何も置かない
重いもの。ファイルやストック文書など

しまうところをざっくり決める

職場の片づけも、自宅の片づけと鉄則は同じです。つまり、ものを減らし、定位置を決めて、使ったらもとに戻すということ。

その定位置も、細かく決めるのではなく、○○関係、などとおおまかに決めるとよいでしょう。

引き出しに事務用品をしまうときには、使いやすいように、よく使うものを手前に入れます。デスクの上に置くのは必要最低限のものだけにします。

よく使うものは手前に

事務用品も、書類やファイルも、よく使うものやよく取り出すものは手前に入れます。下の引き出しの奥には、保存用の文書をファイルボックスなどに入れて収納します。

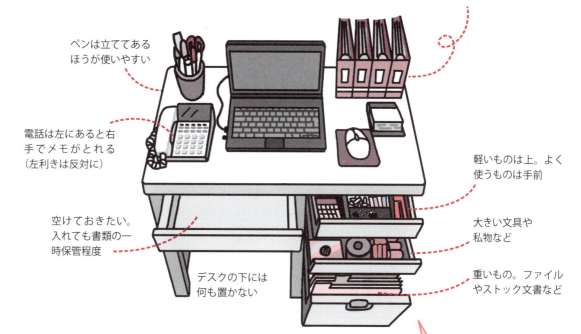

仕事に必要かどうかで考える

今デスクの上に書類が山積みになっていたら、一度徹底的に片づけて、今後はその状態を維持するように意識しましょう。書類はあっという間にたまるので、油断大敵です。

15分間でできるだけ

たまった書類のなかには、いらないものもたくさんあるはず。書類は感情移入するものではないので、「いる・いらない」で分けます。15分間でできる区画を決めて始めましょう。

数日後に全部片づいたら

ごほうびシステム

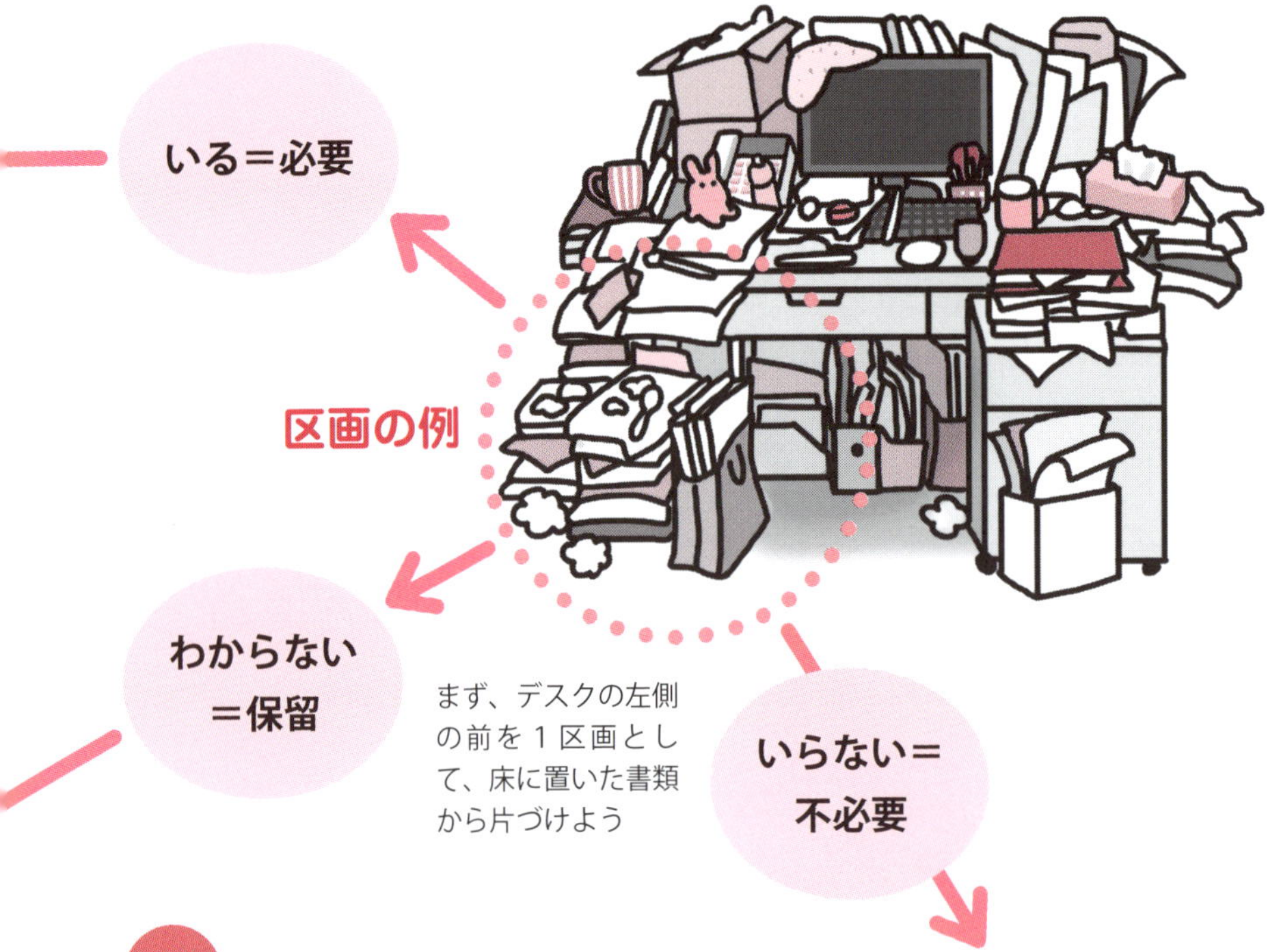
区画の例
いる＝必要
わからない＝保留
いらない＝不必要

まず、デスクの左側の前を１区画として、床に置いた書類から片づけよう

処分する＝断裁

不要な書類はシュレッダーにかけるなどして断裁します。

ただし、うっかり大事なものを処分しないように気をつけましょう。

例

- ３年前に終了した業務の経過報告書
- 最新版が配布された書類の旧版
- 昨年の部内の忘年会のお知らせ
- つきあっていない企業からのＤＭ
- 使わない商品のリリース　など

区画と時間を決めて達成感を味わう

デスクの上下左右に乱雑に積まれている書類を、一気に片づけるのは無理です。片づけの時間は自宅と同じ一五分間。その時間でできる区画を見積もり、少しずつ片づけていきます。「できた」と感じられるように、区画は余裕をもって見積もります。休憩をとり、続けられそうなら再開しますが、一日に三回以下が目安です。

最初に「いる・いらない」を確かめて、いらない書類を処分。次に、いる書類を種類別に分けます。とっておく書類の基準を決めている職場もあるので確認しましょう。

種類別に分ける

おおまかに分けて、ファイルにしまいます。分け方は、業務別、取引先別、アイウエオ順など。さらに、できれば下記のように、案件ごとに整理します。

時系列でしまう

古い書類ほど奥にするなど日付順にしまい、仕切りカードに日付を書いておきます。名刺の整理などに向きます。

重要度別にしまう

カラーファイルの色で重要度を決めます。いちばん好きな色にいちばん重要な書類を入れます。

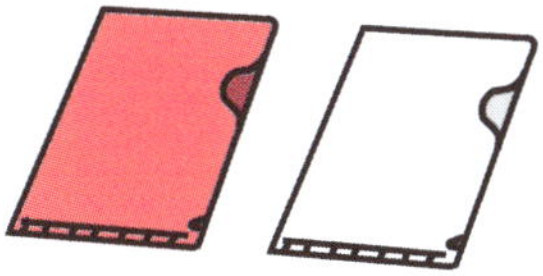

上司に確認する

分類や要不要の判断はＡＤＨＤのある人には困難なことのひとつ。わからなくて悩むより、上司に相談してしまいましょう。

相談する時間をとってもらい、まとめて聞いてしまおう

スキャンしてデータとしてとっておく

後日必要だとわかったときのために、スキャンして保存しておくとよいでしょう。書類じたいをとっておくのは場所をとるし、ほかの書類とまぎれてしまうので、データ化します。

漏洩に注意して減らし、整理する

情報はデータ化すれば場所はとりませんが、パソコンの中にどんどんためてしまうと、デスクトップの画面にアイコンがずらり、ということに。ためたままにせず、整理が必要です。

デスクトップが散らかってしまう

情報は多すぎるとミスのもとです。それは、紙の書類でもデータでも同じ。不要なデータを消去して、デスクトップをすっきりさせましょう。ただし、漏洩《ろうえい》すると大問題になるデータもあるので、充分に注意することが大切です。

デスクトップ画面は３列に

デスクがきれいになっても、じつはデスクトップがいっぱいということも。まずアイコンを減らしましょう。３列が維持できたら、自分にごほうびを。

１ヵ月保てたら

ごほうびシステム

データが多すぎると、さまざまな困りごとが出てくる

まず、パソコンの周囲に貼り付けた付箋を減らそう

３列に

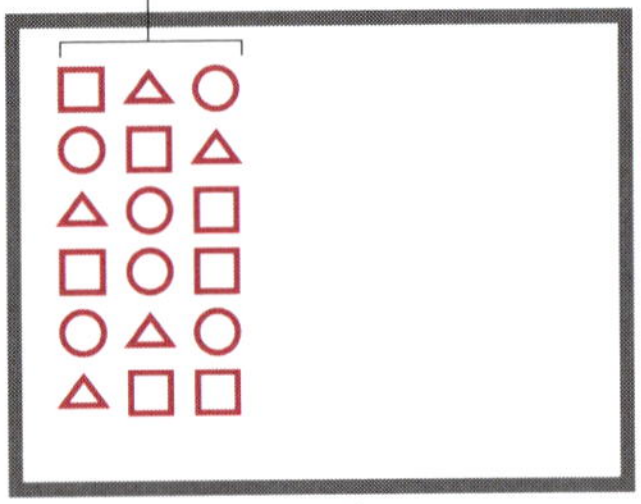

困ること

- 必要なデータが見つからない
- パソコンの処理スピードが遅くなる
- しょっちゅうフリーズする

削除する

中身が重複しているデータは消去します。紙の書類と同様に、不要なデータも消去。落ち着いて判断していきましょう。

バックアップをとってもよい

不要かどうかわからないデータはＣＤなどにバックアップをとっておいてもよいでしょう。

整理の工夫

「いる」と判断したデータはフォルダーやファイルに保存しますが、使いやすく整理しておきます。

デスクトップに「とりあえず」置かない

デスクトップにファイルを保存しないことが基本。分ける時間がないなら、「要片づけ」フォルダーをつくり、ファイル名に日付を入れて、一時保管。その後、仕分けします。

ファイルのネーミングにルールを決める

思いつきの名前をつけると自分でも、後でわからなくなります。「○○1」「○○2」「20180420_報告書」など、ルールを決めておきましょう。

階層をつくって分類する

フォルダーを開いたら大量にファイルが並び、探すのがひと苦労ということに。フォルダー内を階層に分けて保存します。3階層までが目安です。

フォルダー

- ドキュメント
  - 社内文書
    - 議事録
      - 20171120
      - 20171204
      - 20180205
      - 20180420
    - 回覧
    - ◇◇◇◇◇◇
  - ○○年プロジェクト
  - △△△△△△
  - お客様
    - ○○市
      - ○○様
      - ◆◆様
      - ☆☆様
    - ◎◎区
    - ☆☆☆

後でわかるようなファイル名にしよう

日付を入れておくと管理しやすく並べやすい

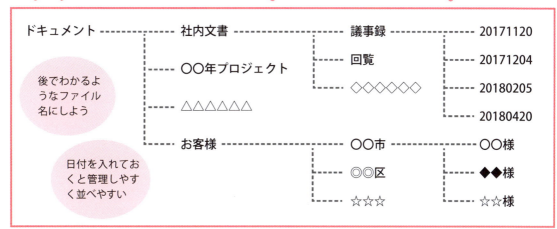

Column

不要な私物を大量に職場へ持ち込まない

「私の部屋」のようにしないで

かわいい付箋やテープ、おしゃれなペンなど、「好きな」事務用品などを職場にたくさん持ち込むのは、やめましょう。デスクの上にずらりと並べていたりすると、周囲の目からは「私の部屋」のようで、職場にそぐわない状態になっていることもあります。

わからなければ上司に感想を聞いてみるとよいでしょう。

個人ロッカーの中にものを詰め込まない

個人的なスペースだとはいえ、個人ロッカーの中も整理しておきましょう。汗を吸った衣服や、食べかけのものを入れたままにしておくと異臭を放ち、ほかの人の迷惑になることもあります。

仕事に不要なものは、自宅に持ち帰りましょう。そのうえで「使う・使わない」を考え、自宅でも使わないものは処分します。

キャラクターものや、かわいいデザインの文具などはほどほどに

扉を開けたら中身が崩れてくるなどということがないように

■監修者プロフィール

司馬理英子（しば・りえこ）

司馬クリニック院長。医学博士。1978 年、岡山大学医学部卒。1983 年に同大学大学院卒業後、渡米。アメリカで 4 人の子どもを育てながら、ＡＤＨＤについての研鑽を積む。1997 年、『のび太・ジャイアン症候群』（主婦の友社）を上梓。日本で初めて本格的にＡＤＨＤを紹介した同書は、なじみ深いキャラクターになぞらえたわかりやすい解説により、ベストセラーに。同年帰国し、司馬クリニックを開院。高校生までの子どもと大人の女性を専門に、治療を行う。主な著書に『のび太・ジャイアン症候群』（主婦の友社）、『大人のＡＤＨＤ』（講談社）、『ＡＤＨＤ・アスペルガー症候群　子育て実践対策集』（主婦の友社）など。

● 編集協力　坂本弓美
　オフィス 201（新保寛子）

● カバーデザイン　岡本歌織（next door design）

● カバーイラスト　高橋ユミ

● 本文デザイン　南雲デザイン

● 本文イラスト　梶原香央里

KODANSHA

■ 参考文献

司馬理英子著
『のび太・ジャイアン症候群 5　家族のＡＤＨＤ・大人のＡＤＨＤ　お母さんセラピー』（主婦の友社）

司馬理英子著
『ＡＤＨＤタイプの【部屋】【時間】【仕事】整理術
「片づけられない!」「間に合わない!」がなくなる本』（大和出版）

司馬理英子著
『よくわかる 大人のＡＤＨＤ（注意欠如／多動性障害）』（主婦の友社）

司馬理英子監修
『「大人のＡＤＨＤ」のための段取り力』（講談社）

對馬陽一郎著
『ちょっとしたことでうまくいく　発達障害の人が上手に働くための本』（翔泳社）

サリ・ソルデン著／ニキ・リンコ訳
『片づけられない女たち』（ＷＡＶＥ出版）

小松易著
『ほんの１分で一生が変わる魔法のかたづけ術』（ＰＨＰ研究所）

家事の図鑑の会編
『一人前になるための家事の図鑑』（岩崎書店）

高原真由美監修
『徹底図解　成果が必ず出る!　ビジネス整理術』（日本文芸社）

健康ライブラリー

「大人《おとな》のＡＤＨＤ」のための
片《かた》づけ力《りょく》

2018年4月10日　第1刷発行
2025年2月14日　第5刷発行

監　修	司馬理英子（しば・りえこ）
発行者	篠木和久
発行所	株式会社 講談社 東京都文京区音羽２丁目-12-21 郵便番号　112-8001 電話番号　編集　03-5395-3560 販売　03-5395-5817 業務　03-5395-3615
印刷所	TOPPAN株式会社
製本所	株式会社若林製本工場

N.D.C.493　98p　21cm

ISBN978-4-06-259868-2

講談社　健康ライブラリー　スペシャル

「大人のADHD」のための段取り力

司馬クリニック院長
司馬理英子　監修

頻発する遅刻や忘れ物、片づけられない……
5つの課題に取り組んで段取り力を身につけよう！

ISBN978-4-06-259696-1

ADHDの人の「やる気」マネジメント
「先延ばしグセ」を「すぐやる」にかえる

司馬クリニック院長
司馬理英子　監修

やる気はあるのに行動に結びつかない
その理由と対策を徹底図解！

ISBN978-4-06-518677-0

新版　大人の発達障害に気づいて・向き合う完全ガイド

公認心理師・臨床心理士・臨床発達心理士
黒澤礼子　著

すぐに使える「記入式シート」で
発達障害の傾向と対応策がわかる。

ISBN978-4-06-512133-7

職場の発達障害
ADHD編

昭和大学附属烏山病院発達障害医療研究所
太田晴久　監修

ADHDの人や上司・同僚が
働きやすくするためのスキルを徹底解説。

ISBN978-4-06-517749-5

女性の発達障害
困りごとにどう向き合うか

司馬クリニック院長
司馬理英子　監修

女性ならではの困難がある人へ
生きづらさをやわらげ、自分を元気にする方法

ISBN978-4-06-530817-2

大人の発達障害
グレーゾーンの人たち

林　寧哲、OMgray事務局　監修

ある程度は社会に適応てきているのに、生きづらい……
発達障害「かもしれない」人へ、診断、対応法を徹底解説。

ISBN978-4-06-520610-2

イライラしない、怒らない
ADHDの人のためのアンガーマネジメント

NPO法人えじそんくらぶ代表
高山恵子　監修

怒りをコントロールできれば心が落ち着き、人間関係もうまくいく！

ISBN978-4-06-259855-2

大人の発達障害
生きづらさへの理解と対処

精神科医
市橋秀夫　監修

会話の仕方、仕事の選び方、働き方……
もう、職場で困らない、人間関係に悩まない。

ISBN978-4-06-513315-6